Sobre a Liberdade

J. Krishnamurti

Sobre a Liberdade

Tradução
VANFREDO

EDITORA CULTRIX
São Paulo

Título do original:
On Freedom

Krishnamurti Foundation Trust, Ltd.
Brockwood Park
Bramdean, Hampshire SO24 0LQ
England

Instituição Cultural Krishnamurti
Rua dos Andradas, 29 — Sala 1007
20051-000 — Rio de Janeiro, RJ — Centro
Brasil
Telefone (021) 232-2646

Edição	Ano
1-2-3-4-5-6-7-8-9	97-98-99-00

Impresso em nossas oficinas gráficas.

Pode ser que consigam organizar economicamente o mundo de modo que o homem tenha mais conforto, mais comida, mais roupa e abrigo e talvez pensem que isso é liberdade. Essas coisas são necessárias e essenciais, mas não constituem a plenitude da liberdade. Liberdade é um estado e uma condição da mente.

Poona, 21 de setembro, 1958.

Sumário

Prefácio

Jiddu Krishnamurti nasceu na Índia, em 1895, e, com treze anos, foi adotado pela Sociedade Teosófica que o considerava o futuro veículo do "Instrutor do Mundo" cujo advento ela proclamava. Krishnamurti logo se revelou um instrutor poderoso, descompromissado e livre de qualquer classificação; suas palestras e escritos não tinham ligação alguma com nenhuma religião, nem do Oriente nem do Ocidente; pertenciam ao mundo inteiro. Repudiando, decisivamente, a imagem de messias, dissolveu, dramaticamente, em 1929, a grande e endinheirada organização construída em torno dele e declarou que a verdade é "uma terra para a qual não há caminho", que não podemos chegar a ela por nenhuma religião, filosofia nem seita organizada.

Pelo resto da vida, rejeitou, com firmeza, a condição de guru que tentavam atribuir a ele. Sem se apresentar como autoridade, continuou a reunir enormes auditórios no mundo inteiro; sempre falava como uma pessoa que conversa com outra. Ensinava, basicamente, que a sociedade só pode passar por uma mudança fundamental com a transformação da consciência do indivíduo. Enfatizava, constantemente, a necessidade do autoconhecimento e da compreensão das influências dos condicionamentos religiosos e nacionalistas que tanto limitam e separam. Krishnamurti mostrava sempre a necessidade urgente da sinceridade para penetrar naquele "imenso espaço do cérebro onde há uma energia que não se pode nem sequer imaginar". Essa parece ter sido a fonte de sua própria criatividade e a chave do seu impacto catalítico sobre tantas e diferentes pessoas.

Ele falou em todas as partes do mundo até sua morte em 1986, aos noventa anos. Suas palestras e diálogos, diários e cartas foram reunidos em mais de sessenta livros. Desse enorme conjunto de ensinamentos saiu esta série de livros temáticos. Cada livro desta série focaliza uma questão relevante e necessária para nossas vidas do dia-a-dia.

Bombaim, 7 de Março de 1948

Como nos transformar, produzir essa mudança radical do vir-a-ser para ser? Como pode conhecer esse estado de ser, que é virtude e liberdade, a pessoa que está no vir-a-ser e que, portanto, vive a se esforçar, a lutar e a batalhar consigo mesma? Espero que esteja colocando a questão em termos claros. O fato é que, durante anos, venho lutando para me tornar alguma coisa: não ser invejoso, tornar-me não-invejoso. Como posso pôr de lado e abandonar a luta e apenas ser? Quanto mais luto para conseguir aquilo a que chamo retidão, tanto mais, obviamente, eu me fecho em mim mesmo e no isolamento não há liberdade. Assim, só posso fazer uma coisa: ficar consciente, passivamente consciente, do meu processo de vir-a-ser. Se sou superficial, posso estar passivamente cônscio de que sou superficial, sem lutar para vir a ser alguma coisa? Se estou zangado, sentindo ciúme; se sou cruel, invejoso, posso apenas ficar consciente da inveja sem lutar contra ela? No momento em que lutamos contra uma condição, damos importância à luta e, assim, fortalecemos o muro de resistência. Achamos que o muro de resistência significa retidão; mas, para o homem correto, a verdade nunca chega. A verdade só pode vir para o homem livre e, para sermos livres, não podemos cultivar a memória que é retidão.

Temos, portanto, de estar conscientes dessa luta, dessa constante batalha — apenas conscientes, sem lutar nem condenar e, se estivermos realmente atentos, passivamente conscientes mas vigilantes, veremos cair por terra a inveja, o ciúme, a ambição, a violência e tudo mais e veremos surgir a ordem — tranqüila e rapidamente nasce a ordem que não é retidão nem isolamento. Liberdade é que é virtude; não é uma coisa fechada. Só na liberdade é que pode nascer a verdade. É essencial, por conseguinte, ser virtuoso e não correto, pois a virtude traz a ordem. O homem correto é confuso, está em conflito; é o homem correto que desenvolve a vontade como meio de resistência e o homem conduzido pela vontade jamais encontrará a verdade porque nunca está livre. Ser, que é ver o que é, aceitar o que é viver com o que é, sem tentar nenhuma espécie de transformação nem condenação — ser gera virtude e nela há liberdade. Só quando a mente já não cultiva a memória, quando já não busca retidão como forma de resistência, só então há liberdade e, com essa liberdade, vem a realidade cuja bem-aventurança temos de experimentar.

*

Pergunta: Parece que o senhor não leva em conta que nós, na Índia, ganhamos nossa independência. De acordo com o senhor, qual seria o verdadeiro estado de liberdade?

Krishnamurti: Senhor, liberdade torna-se isolamento quando é nacionalista e o isolamento, inevitavelmente, conduz ao conflito, uma vez que nada pode existir isolado. Ser é estar em relação e, quando o senhor se isola dentro de fronteiras nacionais, faz um convite à confusão, ao sofrimento, à fome, ao conflito, à guerra — o que já está sobejamente provado. Assim, a independência de um Estado segregado leva, fatalmente, ao conflito e à guerra pois, para a maioria de nós, independência implica isolamento. E, quando nos isolamos como uma entidade nacional, ganhamos a liberdade? Já conquistaram a liberdade através da exploração, da luta de classe, da fome, do conflito religioso, do sacerdote, da rivalidade comunal, da liderança? Claro que não. Conseguiram apenas expulsar o explorador branco e, no seu lugar, colocaram o moreno — provavelmente até um pouco mais cruel. A coisa continuou na mesma: a mesma exploração, os mesmos sacerdotes, a mesma religião organizada, as mesmas superstições e lutas de classe. E isso nos deu liberdade? Ó senhor, não queremos ser livres. Não sejamos tolos. Liberdade implica inteligência, amor; liberdade implica não-exploração, não-submissão a autoridades; liberdade implica extraordinária virtude. Como já disse, retidão é sempre um processo de isolamento, pois isolamento e retidão se completam enquanto que virtude e liberdade coexistem. Uma nação soberana está sempre em isolamento; desse modo, nunca pode ser livre; está provocando sempre competição, suspeita, antagonismo e guerra.

Não há dúvida de que a liberdade tem de começar no indivíduo que é um processo total, sem antagonismo com a mesma. O indivíduo é um processo total do mundo e, se ele se isola no nacionalismo ou na retidão, então ele causa desgraça e miséria. Se o indivíduo, contudo, que é um processo total que não se opõe à massa, mas que resulta dela, do conjunto — se o indivíduo se transforma, se ele transforma sua vida, então, para ele, há liberdade. E, como ele é o produto de um processo total, ao libertar-se do nacionalismo, da ambição, da exploração, ele age diretamente sobre o todo. A regeneração do indivíduo não se acha no futuro, mas no agora e, se adiarem a regeneração para amanhã, estarão atraindo a confusão, estarão presos na onda das trevas. A regeneração é agora, e não amanhã, pois a compreensão só se dá no presente. Não compreendem agora porque não põem todo seu coração e mente, toda sua atenção naquilo que desejam compreender. Se puserem o coração e a mente para compreender, compreenderão. Senhor, se der seu coração e mente para descobrir a causa da violência, se estiver plenamente consciente dela, será não-violento já. Infelizmente, entretanto, já condicionaram tanto a mente com a morosidade religiosa e a ética social, que se tornaram incapazes de olhar a coisa diretamente — e aí é que está a dificuldade.

Assim, a compreensão está sempre no presente; nunca no futuro. A compreensão é agora e, não, em dias que virão. E a liberdade, que não é isolamento, só pode surgir quando cada um de nós compreende sua responsabilidade em relação ao todo. O indivíduo é o produto do todo; não é um processo à parte; ele resulta do todo. No final das contas, o senhor é um produto da Índia inteira, de toda a humanidade. O senhor pode denominar-se como quiser, mas o senhor é o resultado de um processo total que é o homem. E, se o senhor, psicologicamente, não estiver livre, como pode ter liberdade exterior? O que significa liberdade exterior? Podem ter governos diferentes — mas, por deus, isso é liberdade? Podem ter um grande número de províncias porque cada um quer um emprego, mas isso é liberdade? Senhor, nós nos alimentamos de palavras vazias; lançamos sombras nas assembléias com palavras que nada significam; temos vivido de propaganda que é mentira. Não pensamos, seriamente e por nós mesmos, sobre tais problemas porque a maioria de nós deseja ser conduzida. Não queremos pensar e descobrir porque é muito penoso e decepcionante pensar. Ou pensamos e ficamos desiludidos e cínicos — ou pensamos e transcendemos. Quando transcendemos todo o processo do pensamento, então há liberdade. E nisso há alegria, criação, coisa que o homem correto, vivendo isolado, jamais entenderá.

❖

Nosso problema, portanto, é que nossos pensamentos vivem perambulando e, naturalmente, queremos pô-los em ordem. Mas como promover essa ordem? Para compreender uma máquina que trabalha muito rapidamente, precisamos desacelerar seu movimento, não é? Se quisermos examinar um dínamo, é preciso diminuir seu movimento, mas não pará-lo; parado, ele se torna uma coisa morta e não podemos compreender uma coisa morta. Só podemos compreender uma coisa viva. Desse modo, a mente que exterminou os pensamentos por meio de exclusão e do isolamento não pode compreender o pensamento; só o compreenderá se desacelerar o seu processo. Quando vêem um filme em câmara lenta, percebem o maravilhoso movimento dos músculos de um cavalo que salta. É bonito esse movimento lento dos músculos; mas quando o cavalo salta velozmente, tão grande é essa velocidade, que se perde a beleza. Da mesma forma, quando a mente se move devagar porque deseja compreender cada pensamento que surge, nesse caso ela está liberta do pensamento, livre do pensamento controlado e disciplinado. Pensamento é a resposta de memória; por conseguinte, o pensamento nunca pode ser criativo. Só quando se encontra o novo como novo, o original como original, só então há um estado criador. A mente é o gravador, o acumulador de memórias e, enquanto a memória for revivida pelos desafios, tem de continuar o processo do pensamento. Mas, se observarem, sondarem e compreenderem, total e completamente, cada pensamento, verão que a memória começa a murchar. Falamos da memória psicológica, e não da memória factual.

Bangalore, 18 de Julho de 1948

O que estamos tentando discutir e descobrir é se a vida tem um propósito e se é possível medir esse propósito. E só podemos medi-lo em termos do conhecido, em termos do passado e, quando meço o propósito da vida em termos do conhecido, eu o meço conforme aquilo de que gosto e de que não gosto. Assim, esse propósito ficará condicionado pelos meus desejos, deixando, por isso, de ser o propósito. Certamente que isso está claro, não? Só posso compreender o propósito da vida através do crivo dos meus próprios preconceitos, necessidades e anseios; do contrário, não consigo julgar, consigo? Desse modo, a medida, a fita métrica, o padrão, tudo isso é um condicionamento da minha mente e, de acordo com os ditames do meu condicionamento, decidirei qual é o propósito. Mas será *esse* o propósito da vida? Sendo criado pelas minhas carências, seguramente que esse não é o propósito da vida. Para descobrir o propósito da vida, a mente tem de estar livre da idéia de medida; só então ela pode descobrir. Se assim não for, estarão simplesmente projetando suas próprias carências. Isso não é mera intelectualização e, se penetrarem profundamente nessa questão, verão o que ela significa. Afinal de contas, é de acordo com meu preconceito, minha necessidade, meu desejo e minha predileção que decido qual deve ser o propósito da vida. É o meu desejo, por conseguinte, que cria o propósito. Evidente que esse não é o propósito da vida. O que é mais importante: descobrir o propósito da vida ou libertar a mente dos seus condicionamentos? Quando a mente se liberta de seus condicionamentos, o propósito é essa própria liberdade. Só quando livres, portanto, é que podemos descobrir qualquer verdade.

Dessa maneira, o primeiro requisito é a liberdade e, não, buscar o propósito da vida. Sem liberdade, obviamente que não podemos descobri-lo; sem estarmos livres de nossas próprias tolas e insignificantes necessidades, buscas, ambições, cobiça e aversões, sem liberdade em relação a essas coisas, como podemos investigar ou descobrir qual é o propósito da vida? Assim, não é importante para quem investiga o propósito da vida descobrir, primeiro, se o instrumento da investigação é capaz de penetrar no processo da vida, na complexidade psicológica do nosso próprio ser? É isso, afinal de contas, tudo que temos, não? — um instrumento psicológico moldado para satisfazer nossas necessidades. E, como esse instrumento está adaptado aos nossos insignificantes desejos, como ele é o produto de nossas próprias experiências, preocupações, ansiedades e ressentimentos, como pode tal instrumento descobrir a realidade? Por conseguinte, não será importante, se desejarem investigar o propósito da vida, descobrir, primeiro, se aquele que investiga é capaz de compreender ou descobrir qual é esse propósito? Não estou virando a mesa sobre o senhor, mas é isso que está implicado na investigação do propósito da vida. Quando fazemos essa pergunta, precisamos descobrir, primeiro, se aquele que pergunta, o que investiga, pode compreender.

Poona, 31 de Janeiro de 1953

Pergunta: Mesmo depois do fim da lei britânica, não há qualquer mudança radical em nosso sistema educativo. Como pode a educação melhorar os meios de realizar a verdadeira liberdade?

Krishnamurti: Senhor, o que queremos dizer com verdadeira liberdade? Liberdade política? Ou será a liberdade de pensar como quiser? Podemos pensar como quisermos? E o pensamento traz liberdade? Não será todo pensamento condicionado? O que significa, portanto, verdadeira liberdade?

Tanto quanto sabemos, educação é pensamento condicionado, não é? Tudo que queremos é conseguir um emprego ou usar o conhecimento para satisfação própria, para auto-engrandecimento, para progredir perante o mundo. Não será importante ver o que entendemos por verdadeira liberdade? Talvez que, se entendermos isso, o treinamento de acordo com alguma técnica para a especialização profissional possa ter seu valor. Mas cultivar apenas capacidade técnica sem compreender o que seja verdadeira liberdade conduz à destruição, a maiores guerras e é exatamente isso que está acontecendo no mundo de hoje. Vamos, pois, descobrir o que significa verdadeira liberdade.

É claro que a primeira coisa necessária para que haja liberdade é não haver medo — não apenas o medo imposto pela sociedade mas também o medo psicológico de insegurança. Podemos ter um ótimo emprego e subir a escada do êxito pessoal; mas, se houver ambição, luta para ser alguém, isso não acarretará medo? E não implica isso que quem é bem-sucedido não é verdadeiramente livre? Assim, o medo condicionado pela tradição, pela chamada responsabilidade em cumprir os ditames da sociedade, ou o seu próprio medo da morte, da insegurança, da doença — tudo isso impede a verdadeira liberdade, não é mesmo?

Desse modo, não haverá liberdade enquanto existir qualquer espécie de compulsão, exterior ou interior. E a compulsão surge quando está presente o impulso para viver em conformidade com os padrões da sociedade ou com os padrões criados por nós mesmos, sejam bons ou não. É o pensamento que cria o padrão, o pensamento que é produto do passado, da tradição, da educação, de toda a experiência pessoal que provém do passado. Enquanto houver, portanto, qualquer forma de compulsão (do governo, da religião ou do padrão que criamos para nós mesmos pelo desejo de satisfação, de engrandecimento) não pode nascer a verdadeira liberdade. Não é fácil promover a verdadeira liberdade e tampouco entender o que ela significa. Mas podemos ver que, enquanto houver qualquer espécie de medo, não podemos saber o que é a verdadeira liberdade.

Havendo medo, compulsão, tanto individual quanto coletiva, não pode existir liberdade. Podemos especular a respeito da verdadeira liberdade, mas liberdade, de fato, nada tem que ver com idéias e especulações sobre liberdade.

Assim, enquanto a mente estiver buscando qualquer espécie de segurança (e é isso que a maioria de nós quer), enquanto a mente estiver procurando qualquer forma de permanência, não pode haver liberdade. Enquanto, individual e coletivamente, buscarmos segurança, obviamente terá de haver guerra e é isso que, hoje em dia, está ocorrendo no mundo. Só pode existir liberdade quando a mente compreende todo o processo do desejo de segurança e permanência. Afinal de contas, é isso que querem com seus deuses e gurus. Em suas relações sociais e com seus governos querem segurança; eis por que atribuem a seu deus a segurança máxima, algo que está acima de si mesmos; revestem aquela imagem com a idéia de que, sendo entidades efêmeras, lá, pelo menos, encontrarão permanência. É assim, pois, que começam desejando ser permanentes através da religião e todas as atividades que realizam (políticas, religiosas e sociais), quaisquer que sejam, baseiam-se nesse desejo de permanência — terem segurança, perpetuarem-se através da família, da nação, de uma idéia ou através do filho. E como pode ter liberdade uma mente que está sempre buscando, consciente ou inconscientemente, permanência e segurança?

O fato é que não buscamos a verdadeira liberdade; buscamos outra coisa: buscamos melhores condições de vida, uma situação melhor. Não queremos liberdade; queremos condições melhores, mais elevadas, mais nobres e a isso chamamos educação. Mas poderá tal educação promover a paz no mundo? Certamente que não. Vai gerar, pelo contrário, maiores guerras e miséria. Enquanto forem hindus, muçulmanos ou sabe lá deus o que mais, só provocarão rivalidade para si próprios, para o vizinho e para a nação. Será que percebemos isso? Olhem para o que está acontecendo! Não preciso dizer-lhes porque já sabem.

Em vez de seres humanos integrados, são pessoas pensando desagregadoramente; suas atividades são fragmentadas, dispersivas, desintegradas — estão todos brigando. Esse é o resultado da chamada liberdade, dessa chamada educação. Dizem que, religiosamente, estão unidos, mas, na verdade, estão lutando, destruindo-se mutuamente pois não vêem a totalidade do viver, pois estão interessados apenas no amanhã ou em conseguir melhores empregos. E, depois de ouvirem isso, vão sair e continuar fazendo exatamente o mesmo. Continuarão sectários esquecendo o resto do mundo. Enquanto estiverem pensando assim, perpetuarão as guerras, a miséria e a destruição. Pensando assim, estreita e provincianamente, jamais estarão a salvo, nem seus filhos, embora desejem estar fora de perigo. Enquanto pensarem desse modo, haverá guerras.

A atual maneira de viver mostra que, realmente, não desejam liberdade; querem apenas uma vida melhor, com mais segurança, mais satisfação, com emprego garantido, posição assegurada, tanto religiosa quanto politicamente. Pessoas assim não podem criar um mundo novo. Não são pessoas religiosas; não são pessoas inteligentes. Estão pensando em resultados imediatos como todos os políticos. E, enquanto entregarem o mundo aos políticos, terão destruição, guerras e miséria. Senhores, por favor, não sorriam. A responsabilidade pertence aos senhores, e não a seus líderes; é uma responsabilidade individual — sua.

Liberdade é algo completamente diferente. Ela nasce; não podemos buscá-la. Ela nasce quando não há medo, quando há amor no coração. Não podem ter amor e pensar como hindus, cristãos, muçulmanos ou parses. A liberdade só nasce quando a mente já não mais procura segurança para si mesma, nem na tradição nem no conhecimento. Uma mente estropiada ou sobrecarregada pelo conhecimento não é uma mente livre. A mente só está livre quando é capaz de enfrentar a vida cada momento, de enfrentar a realidade que todo incidente, todo pensamento e toda experiência revelam. E essa revelação torna-se impossível quando a mente está mutilada pelo passado.

Cabe ao educador criar um novo ser humano, um ser humano diferente, sem medo, autoconfiante, que possa fundar sua própria sociedade — uma sociedade totalmente diversa da nossa que está baseada no medo, na inveja, na ambição e na corrupção. A verdadeira liberdade só pode vir à luz quando surgir a inteligência, ou seja, a compreensão do todo, do total processo da existência.

Bombaim, 8 de Março de 1953

Pergunta: O senhor tem falado de liberdade. Mas a liberdade não exige deveres? Qual é o meu dever em relação à sociedade e a mim mesmo?

Krishnamurti: Pode-se comparar liberdade com dever? Pode o filho submisso ser livre? Posso submeter-me à sociedade e ser livre? Posso ser obediente e, ao mesmo tempo, revolucionário no verdadeiro sentido, e não no sentido econômico? Se sigo um sistema, político ou religioso, posso ser livre? Ou será que apenas imito, copio? O sistema não é uma imitação? Ser um filho obediente, fazer o que meu pai quer que eu faça, proceder corretamente, de acordo com a sociedade — não significa isso imitação? Meu pai quer que eu seja advogado; é meu dever tornar-me advogado? Meu pai me diz que devo ingressar numa organização religiosa; é meu dever fazer isso?

Terá o dever alguma relação com o amor? Só quando não há amor nem liberdade é que a palavra "dever" se torna muito importante. E, então, o dever toma o lugar da tradição. É nesse estado que vivemos; esta é a nossa condição (não é?): devo ser obediente.

Qual é o meu dever para com a sociedade? Qual é o meu dever para comigo mesmo? Senhores, a sociedade exige muito de nós: devemos obedecer, devemos seguir, devemos realizar certas cerimônias, cumprir certos rituais, crer. Ela nos condiciona a certas formas de pensamento, a certas crenças. Se procurarem o real (e não a obediência à sociedade nem ajustamento a um padrão), se quiserem descobrir a verdade, não terão de ser livres?

Ser livres não significa que devem rejeitar alguma coisa, que devem ser contra tudo; isso não é liberdade. Liberdade implica estar constantemente atento ao pensamento; implica aquilo que revela os envolvimentos do dever e, graças a isso (não apenas por supressão de uma liberdade em particular) é que nasce a liberdade. Não podemos compreender as tradições e tampouco entender, totalmente, o que significam se condenarmos ou justificarmos um pensamento ou uma idéia ou se com tal pensamento ou idéia nos identificarmos. Se começo a indagar qual é o meu dever para comigo mesmo, como posso descobrir isso? Qual é o critério? Qual é o padrão? Ou será que devemos descobrir por que dependemos dessas palavras? Quão prontamente se deixa enredar pela palavra dever a mente que busca, que procura, que investiga! O velho pai diz a seu filho: "Você tem de me sustentar" — e o filho sente que seu dever é sustentá-lo. Embora ele queira fazer outra coisa, como pintar quadros, o que não lhe dará meios de subsistência para manter seu pai e a si mesmo, ele diz que seu dever é ganhar dinheiro e deixar de lado o que realmente deseja fazer. Assim, estará preso para o resto da vida e, para o resto da vida, será uma pessoa amarga. E é com amargura no coração que ele dará o dinheiro para seus pais. Eis como é nossa vida — vivemos amargurados e amargurados morremos.

Como, realmente, não temos amor nem liberdade, usamos palavras para controlar nossos pensamentos, para moldar nossos corações e sentimentos e com isso ficamos satisfeitos. Não há dúvida de que o amor talvez seja o caminho único para a revolução — e, de fato, não há outro. Muitos de nós, porém, contestam as revoluções, não somente as superficiais, como as econômicas, mas também as essenciais, as mais profundas, a mais importante revolução que é a do pensamento, da criação. Como não concordamos com isso, vivemos fazendo reformas de superfície, remendando aqui e ali com palavras, ameaças e ambições.

Ao fim disso, dirão que não respondi à pergunta: "Qual é o meu dever para com a sociedade, para com meu pai e para comigo mesmo?" Afirmo que essa é uma pergunta errada. É uma pergunta feita por uma mente que não é livre, por uma mente que não está em revolta, uma mente dócil, submissa e sem amor. Poderá uma mente assim, dócil, submissa e sem amor, com aquela sombra de amargura, assumir deveres para com a sociedade ou para consigo mesma? Poderá essa mente criar um mundo novo, uma nova organização?

Não sacudam as cabeças. Sabem o que querem? Não querem uma revolta, não querem uma revolução da mente. Querem criar seus filhos como foram criados. Querem que tenham os mesmos condicionamentos, que pensem seguindo as mesmas trilhas, observando os mesmos rituais religiosos e com as mesmas crenças. Jamais os encorajam a descobrir. Assim como estão a destruir a si próprios com seus condicionamentos, assim também querem destruir outros. Desse modo, o problema não é: "Qual é o meu dever para com a sociedade?" — mas: "Como descobrir ou despertar esse amor e essa liberdade?" Uma vez que haja esse amor, não poderão mais ser obedientes.

O amor é a coisa mais revolucionária que existe; mas a mente não pode conceber esse amor. Não podem cultivá-lo; ele tem de existir. Não é algo que possam cultivar no quintal. É uma coisa que nasce com a indagação constante, o constante descontentamento e revolta, quando já não seguem qualquer autoridade, quando já não têm medo, isto é, quando já têm a capacidade de cometer erros e, partindo deles, descobrir a resposta. Uma mente sem medo já não é mais uma mente medíocre; ela é capaz de penetrar fundo. Essa é a mente que pode descobrir o amor e a liberdade.

Palestra para Crianças da Escola de Rajghat, Varanasi, 20 de Janeiro de 1954

Pergunta: O que é liberdade?

Krishnamurti: Espanta-me que ela deseje, realmente, saber o que é liberdade! Algum de nós sabe o que é liberdade? A única coisa que sabemos é que fomos feitos para agir, que somos levados a agir pelas circunstâncias ou pelos nossos temores e queremos ficar livres disso. Para nós, liberdade é conseguir escapar das repressões, das obrigações, dos temores ou de outra coisa qualquer. Ouçam, por favor.

Fugir das proibições, dos obstáculos ou de qualquer forma de obrigação não é liberdade. Liberdade é algo original; não provém de outra coisa. Compreendam isso, por favor. O homem que está na prisão por algum motivo quer escapar e ficar livre. Ele só pensa em se libertar. Se estou irritado, acho que, conseguindo escapar da irritação, estarei livre. Se sou invejoso, vencer a inveja não é liberdade. Fuga, superação, repressão (que são maneiras diferentes de expressar a mesma coisa) — nada disso é liberdade. A liberdade existe por si mesma; não resulta de nada. Amar alguma coisa pelo que é — isso é liberdade. Há liberdade quando pintam porque gostam de pintar, e não porque isso lhe dá fama ou destaque. Na escola, quando gostam de pintar, esse gostar é liberdade e isso implica uma extraordinária compreensão de todas as tendências da mente. É muito importante também fazer as coisas pelo simples gosto de fazer, e não pelo que lhes traga de punição ou recompensa. Amar as coisas apenas pelo que são é o começo da liberdade.

Será que empregam dez minutos da hora de aula falando disso tudo? Ou será que mergulham imediatamente na geografia, na matemática, no inglês e em tudo mais? O que é que acontece? Por que não fazem isso todo dia, durante dez minutos, em vez de desperdiçarem o tempo com coisas tolas que realmente não lhes interessam, embora tenham de ser feitas? Por que não reservam algum tempo da aula, com o professor, para falar de tais assuntos? Isso vai ajudá-los na vida, ainda que não os leve a se tornarem notáveis, famosos e bem-sucedidos. Se falarem disso todo dia, durante dez minutos, com inteligência, sem medo, isso lhes servirá para toda a vida porque fará que pensem, e não apenas repitam coisas como papagaios. Portanto, por favor, peçam aos seus professores que lhes falem sobre esses assuntos. Desse modo, descobrirão que todos se tornam mais inteligentes, inclusive os professores.

Poona, 21 de Setembro de 1958

Evidente que há várias espécies de liberdade: a liberdade política, a liberdade conferida pelo conhecimento que dá meios de fazer coisas, o *know-how*, a liberdade de um homem rico que pode viajar pelo mundo, a liberdade que advém de uma aptidão particular como saber escrever, expressar-se, pensar com clareza. E há também a liberdade de alguma coisa: liberdade da opressão, da inveja, da tradição, da ambição e assim por diante. E há, ainda, a liberdade que esperamos conseguir no fim (ao fim de uma disciplina, depois de uma virtude adquirida, no fim de uma luta), a suprema liberdade que confiamos encontrar realizando certas coisas. Assim, a liberdade que uma capacidade oferece, o estar livre de alguma coisa e a liberdade que imaginamos obter no fim de uma vida virtuosa — essas espécies de liberdade todos conhecemos. Mas não serão essas várias liberdades apenas reações? Quando dizem: "Quero livrar-me da cólera" — isso é mera reação; não é liberdade em relação à cólera. E a liberdade que acham que vão conseguir ao fim de uma vida virtuosa, através da luta, da disciplina, essa é também uma reação ao que se passa. Por favor, prestem bastante atenção pois vou dizer uma coisa um tanto intrincada já que se trata de algo com que não estão acostumados. Há uma espécie de liberdade que não é estar livre de alguma coisa, que não tem causa, que é simplesmente um estado de ser livre. Como podem ver, a liberdade que conhecemos resulta sempre da vontade, não é isso? Serei livre, aprenderei uma técnica, vou tornar-me um especialista, vou estudar — e tal ação volitiva me dá liberdade. Usamos, portanto, a vontade como meio de atingir a liberdade; não é o que fazemos? Não quero ser pobre e, por isso, exercito minha capacidade, minha vontade e tudo mais para ficar rico. Ou, então, sou vaidoso e emprego minha vontade para não ser vaidoso. Desse modo, achamos que alcançaremos a liberdade aplicando a vontade. Mas a vontade, pelo contrário, não traz a liberdade.

❖

Como já apontei, estar livre de alguma coisa não é liberdade. Estão tentando livrar-se da cólera. Não digo que não devem livrar-se da cólera; só digo que isso não é liberdade. Posso livrar-me da cupidez, da vulgaridade, da cobiça ou de uma dúzia de outras coisas e não ser livre. Liberdade é uma condição da mente, condição que não é produto de buscas nem de investigações, ainda que muito cuidadosas e honestas, de análises extremamente minuciosas nem da reunião de idéias. Eis por que é importante perceber o fato de que a liberdade que constantemente queremos é sempre liberdade de alguma coisa como a liberdade do sofrimento. Não que não haja liberdade do sofrimento, mas o esforço para nos livrarmos dele é apenas uma reação e, portanto, não nos liberta do sofrimento. Estou sendo claro? Sofro por várias razões e digo que preciso livrar-me disso. O impulso para me livrar do sofrimento tem origem na dor. Sofro por causa do meu marido, meu filho ou de uma coisa qualquer. Não gosto desse estado em que me encontro e quero sair dele. Tal desejo de liberdade é uma reação; não é liberdade. É apenas um outro estado que desejo em oposição ao que efetivamente é. O homem que pode viajar pelo mundo porque tem bastante dinheiro não é necessariamente livre, nem o homem perspicaz e eficiente, pois o desejo de serem livres ainda é uma reação. Não dá, portanto, para perceber que, através de qualquer reação, não podemos aprender sobre liberdade ou libertação nem adquiri-la nem buscá-la? Assim, preciso compreender a reação e mais: compreender que a liberdade não vem à existência por meio do esforço da vontade. Vontade e liberdade são coisas contraditórias assim como pensamento e liberdade. Pode ser que consigam organizar economicamente o mundo de modo que o homem tenha mais conforto, mais comida, mais roupa e abrigo e talvez pensem que isso é liberdade. Essas coisas são necessárias e essenciais, mas não constituem a plenitude da liberdade. Liberdade é um estado e uma condição da mente. E é essa condição que estamos investigando. Sem tal condição, façam o que quiserem, cultivem todas as virtudes do mundo, mas não terão essa liberdade.

Bombaim, 3 de Dezembro de 1958

Naturalmente que, em todas as formas de comunicação, as palavras são importantíssimas. E mais ainda elas se tornam quando lidamos com problemas abstratos e um tanto complicados uma vez que cada um traduz cada palavra conforme a entende. Por isso, é dificílimo tratar do extraordinário problema da vida com todas as suas complexidades e sutilezas. As palavras se tornam verdadeiramente expressivas quando podemos conservar sua significação de acordo com o dicionário e, assim, ultrapassar a mera definição, a mera conclusão que a palavra pode transmitir.

Tomem, por exemplo, a palavra *liberdade*. Cada qual vai traduzi-la segundo sua necessidade particular, suas exigências, suas impressões e temores. Um homem ambicioso traduzirá essa palavra como algo necessário para levar a cabo suas ambições, realizar seus desejos. Para um homem preso a certas tradições, liberdade é uma palavra que ele deve temer. Para um homem que se entrega a todas as suas fantasias e desejos, essa palavra significa a possibilidade de mais indulgência. Assim, as palavras encerram um enorme significado em nossa vida. Não sei se, alguma vez, já perceberam a imensa e profunda importância da palavra. As palavras deus, liberdade, comunismo, americano, hindu, cristão etc. nos influenciam não apenas neurologicamente, mas vibram também dentro de nós provocando reações. Não sei se já observaram tudo isso. Se, de fato, já observaram, sabem que é extremamente difícil libertar a mente da palavra. E, como desejo falar sobre um problema muito complexo, acho que deveríamos tratar dele com a hesitação e a clareza de uma mente que não apenas entende as palavras com sua significação, mas que é também capaz de transcender a palavra.

Vemos o que está acontecendo no mundo nos dias de hoje. Onde quer que haja tiranias nega-se a liberdade; onde quer que exista a poderosa organização de igrejas e religiões, nega-se também a liberdade. Embora usem a palavra *liberdade,* tanto as organizações religiosas quanto as políticas rejeitam essa liberdade. Vemos também que, onde há superpopulação, a liberdade entra em decadência e onde há organização excessiva, comunicação de massa, nega-se a liberdade. Percebendo tudo isso, como é que um indivíduo como os senhores e eu interpreta a liberdade? Vivendo como vivemos neste mundo, numa sociedade totalmente presa a organizações, na qual os técnicos são tão importantes, a mente acaba escrava de uma espécie de técnica, de um método, de certos hábitos. Em que nível, portanto, em que profundidade traduzimos a palavra *liberdade*? Se abandonassem o escritório em que trabalham, isso não significaria liberdade; apenas perderiam o emprego. Se dirigissem pelo lado errado da estrada, o policial os perseguiria e perderiam a liberdade. Se fizerem o que desejarem ou se ficarem ricos, o Estado irá vigiá-los. Em torno de nós há sanções, leis, tradições, várias formas de repressão e domínio e tudo isso tolhe a liberdade.

Se, como seres humanos, por conseguinte, quiserem compreender esse problema, um problema real, então a que profundidade deve chegar a investigação? Ou não estão absolutamente interessados nisso? Receio que muitos de nós não estejam; só estamos interessados no pão de cada dia, nas nossas famílias, nos nossos pequenos problemas, ciúmes, ambições; mas não estamos interessados nos problemas mais amplos, maiores. E o remédio não está no mero interesse pela solução do problema. Podem descobrir um remédio de efeito imediato, mas isso apenas vai gerar outros problemas, como bem sabemos. Assim, em que nível e profundidade vão examinar a palavra *liberdade*?

Precisamos também compreender que a palavra, certamente, não é a coisa. A palavra *verdade* não é a verdade. Para a maioria de nós, basta a palavra; não vamos além da palavra para investigar o que está por trás dela. Considerem isso, por favor. A própria palavra *muçulmano* impede que olhem o ser humano que a palavra representa. A reação neurológica e a psicológica a essa palavra são muito profundas e evocam em nós todas as espécies de idéias, crenças e preconceitos. Se pudéssemos pensar, todavia, com muita penetração, ficaria bem patente que temos de distinguir a palavra da coisa real. Grande parte dos mal-entendidos em nossas relações jaz na significação errada que damos às palavras. É importantíssimo, por conseguinte, que o senhor e eu, como dois indivíduos, estabeleçamos uma comunicação íntegra de modo que nos possamos compreender um ao outro no mesmo nível e ao mesmo tempo. Não sei se já notaram, mas, quando amam alguém, a comunicação entre os dois é imediata. Da mesma forma, se pudermos estabelecer uma comunhão desse tipo, creio que poderemos explorar esse problema que é extremamente complexo. A grande dificuldade em estabelecer a comunicação é a palavra e, se quisermos estar em comunhão e partilhar e compartilhar o problema que vamos desenvolver, desnudar e discutir, precisamos penetrar na palavra e transcendê-la.

❖

O pensamento é a resposta da memória que trabalha o tempo inteiro como uma máquina. Por isso, perguntamos: "O que significa liberdade?" Espero que entendam a pergunta e que eu esteja sendo claro. Se minha mente como um todo resulta do tempo, da tradição, de diferentes culturas, de experiências e condicionamentos, da base familiar, da raça, da crença, da esfera do conhecido em que vivemos — nesse caso, onde está a liberdade? Se, o tempo todo, estou a me mover, como sou, dentro dos limites da minha própria mente que está abarrotada de memórias e produtos do tempo, como pode essa mente ir além de si mesma? Para essa mente, a palavra *liberdade* nada significa (não é mesmo?) pois ela transforma o problema da liberdade em outro problema: "Como posso ser livre?" Por favor, acompanhem isto com muito cuidado e compreenderão. Vejo, consciente ou inconscientemente, que minha vida é muito limitada; há sempre ansiedade, luta, medo, miséria, sofrimento e tudo mais. Digo, por isso, que tenho de me libertar, preciso de paz na mente, tenho de escapar dessa limitação. É isso que queremos. Exteriormente, sob o jugo de governos despóticos, não há liberdade (dizem o que devem fazer e fazem) e, interiormente, deparam o mesmo problema. Aqui, num dito país democrático, são, exteriormente, mais ou menos livres (mais ou menos); interiormente, contudo, são prisioneiros, indagando sobre o problema da liberdade. Quanto maior a organização de uma igreja ou de uma sociedade e quanto maior a eficiência dos meios de comunicação de massa, tanto maior o conflito, a perturbação. Por conseguinte, estamos sempre em luta com o nosso meio e dentro de nós mesmos. Há uma luta permanente e, mais ainda, contradição e miséria: "Minha mulher não me ama" — "Amo outra pessoa" — "E lá está a morte" — "Acredito, não acredito". Há sempre agitação, intranqüilidade, como no mar.

Já observaram o mar? Em certos dias em que não venta, sem uma brisa sequer, o mar até reflete as estrelas. Há uma calma, uma placidez, uma sensação de paz; sob a superfície, porém, há correntes profundas, profundos movimentos e as águas, em extensas áreas, nunca estão calmas, estão sempre agitadas, movendo-se sem descanso. Assim também a mente. Vivemos eternamente desassossegados e, conscientes disso, dizemos: "Dêem-me paz! Desejo encontrar deus. Quero escapar dessa miséria e descobrir se existe uma paz duradoura, a bem-aventurança". Eis a única coisa que queremos e é por isso que estamos nessa terrível luta, nessa tensão entre contradições, um desejo batalhando contra outro. A ambição gera frustração e vazio e, depois, o desejo de novo preenchimento traz a sombra da frustração. De nada adianta descrever apenas nossa condição (estamos cônscios dela, não?) e não só esse estado de confusão, perturbação, miséria e sofrimento, mas também o da sensação das alegrias fugazes, do olhar casualmente para o céu e exclamar: "Que beleza! Que maravilha!" — e ocasionalmente experimentar o sentimento de amor. Mas tudo é passageiro, efêmero; tudo está no curso das coisas. E a mente, então, diz: "Não haverá um estado permanente de paz?" — e ela, então, com perseverança, passa a cultivar a idéia de deus, da Verdade. E todas as religiões estimulam o cultivo de uma idéia de permanência. Todas as religiões do mundo afirmam que há uma permanência, uma bem-aventurança que devem buscar e que há um caminho para ela. Afirmam que há uma senda que nos leva da confusão à realidade. Compreende, senhor? No momento, contudo, em que buscamos um estado permanente, precisamos de um caminho para ele, ou seja, uma crença, um método, um sistema, uma prática. Para mim, no entanto, não há nem permanência nem método. Não há métodos para descobrir a realidade.

Bombaim, 14 de Dezembro de 1958

Certamente que pensar é uma coisa superficial; é a resposta da memória (as experiências acumuladas, o condicionamento) e, de acordo com tal condicionamento, que é a base de nossa formação, o pensamento responde a qualquer desafio. O pensamento está sempre ligado a essa experiência acumulada e o problema é este: o pensamento pode ser livre? E só em liberdade é que podemos observar, que podemos descobrir; só quando há espontaneidade, quando não há compulsão nem exigências nem pressão social, só então é que é possível descobrir o real. Claro que, para observar o que estamos pensando, por que pensamos e qual a origem e o motivo do pensamento, precisa haver espontaneidade, liberdade, pois qualquer influência que seja distorce a observação. Quando o pensamento sofre qualquer coação ou pressão, ele acaba distorcido. Desse modo, poderá o pensamento libertar o homem, libertar a mente e será a liberdade a condição essencial para descobrir o verdadeiro? Há, geralmente, dois tipos de liberdade: o estar livre de alguma coisa e a liberdade para realizar alguma coisa, para ser alguma coisa. E há também liberdade — apenas liberdade. A maioria de nós só quer estar livre de alguma coisa — livre do tempo, livre de um parente ou, então, queremos ser livres para nos preenchermos, para a auto-expressão. Todas as nossas idéias sobre liberdade limitam-se a essas duas espécies: estar livre de alguma coisa e liberdade para ser alguma coisa. Ambas, todavia, são reações, não são? Ambas são resultado do pensamento, o produto de alguma forma de compulsão, interna ou externa. Preso a esse processo, o pensamento busca liberdade da tirania, do governo corrupto, de uma relação, de um sentimento de ansiedade e, ao libertar-nos, esperamos preencher-nos com outra coisa. Desse modo, pensamos sempre em termos de liberdade de alguma coisa ou liberdade para ser ou realizar alguma coisa. E parece muito superficial pensar na liberdade unicamente dentro dessas duas categorias.

Assim, haverá uma liberdade que não seja mera reação, na qual não ocorra nenhum movimento que derive de alguma coisa nem um movimento para ser alguma coisa? Se estiverem meramente livres de alguma coisa, não estarão, de fato, livres e, se estiverem livres para se preencherem, haverá sempre ansiedade, medo, frustração e sofrimento. Pode o pensamento libertar a mente de modo que cessem a ansiedade e o sofrimento conjuntamente? E, seguramente, assim como acontece com o amor, a verdadeira bondade não é coisa do pensamento; é um estado de ser; mas não é o pensamento que cria esse estado afirmando para si próprio: "Devo ser bom." Assim, investigando através dos vários canais do pensamento, podemos descobrir o que é a liberdade? Pode o pensamento encontrar o verdadeiro significado da vida, descobrir a realidade? Ou será necessário suspender totalmente o pensamento para que surja a realidade?

Deixem-me colocar isso de modo diferente. Estão buscando alguma coisa, não? Caso sejam uma dessas pessoas ditas religiosas, estão em busca daquilo que denominam deus ou, então, estão buscando mais dinheiro, mais felicidade ou querem ser bons e, desse modo, estão buscando algo que ambicionam. Todos estão buscando alguma coisa.

Mas o que quer dizer buscar? Buscar implica que já conhecem aquilo que buscam. Quando afirmam que buscam a paz da mente, significa isso que já experimentaram essa paz e a desejam de volta ou estão projetando uma idéia verbalizada do que não existe na realidade mas apenas no pensamento. Buscar, por conseguinte, significa que já conhecem ou experimentaram aquilo que buscam. Não podem buscar alguma coisa que não conhecem. Quando afirmam que estão em busca de deus, isso quer dizer que já sabem o que é deus ou, então, seu condicionamento projetou a idéia de que há deus. É o pensamento, portanto, que os impele a buscar o que o próprio pensamento projetou. O pensamento, que é superficial, que é o resultado de muitas experiências acumuladas, o pensamento cria a sua base de atuação e é com isso que ele projeta uma idéia e passa a buscá-la! E, na busca de deus, têm visões e experiências que só fortalecem a busca e os induzem a perseguir as projeções que provêm daquela base. Assim, a busca ainda é um movimento do pensamento. Estamos em conflito, em confusão e, para escapar da confusão, começa o pensamento a projetar a idéia de que deve haver paz, de que deve haver permanente bem-aventurança e, então, põe-se ele a buscá-la. É isso que está realmente acontecendo com cada um de nós. Não compreendemos essa existência miserável, esse caos sem fim e queremos fugir para um interminável estado de felicidade. E esse estado é o pensamento que projeta. Uma vez projetado, o pensamento diz: "Tenho de encontrar um meio de atingi-lo". Assim surgem os métodos, os sistemas e as práticas. O pensamento cria o problema e, depois, tenta escapar do problema por meio de sistemas a fim de alcançar a idéia projetada de um estado que não tem fim. Desse modo, o pensamento busca a sua própria projeção, a sua própria sombra. Mas a questão é esta: pode a mente suspender o pensamento e enfrentar a experiência diária de modo diferente? Não significa isso esquecer nem negligenciar a memória e a experiência acumuladas. Naturalmente que técnicos, construtores de pontes, cientistas, balconistas e outros mais são necessários; mas, vendo que o pensamento não soluciona nossos problemas, podemos suspender o pensamento e observar o problema? Não sei se já tentaram, realmente, olhar um problema sem a agitação, o conflito e a inquietude do pensamento. O pensamento cria intranqüilidade, ansiedade e o desejo de solução. Já procuraram, alguma vez, acabar com o pensamento, suspender o pensamento e apenas observar o problema? Tentem isso, por favor, como estou dizendo. Ouçam de modo que possam olhar para o problema sem a agitação do pensamento.

Muitos são os problemas que têm — nas relações, na família, no emprego, com suas responsabilidades, problemas de ordem social, no meio ambiente, na vida política — sejam eles imediatos, urgentes ou remotos. Considerem qualquer um desses problemas e observem-no. Sempre os observaram (não é mesmo?), mas com a intranqüilidade do pensamento que diz: "Tenho de resolvê-lo, o que devo fazer? O certo é isto ou aquilo? Será que isso é honesto ou não?" — e assim por diante. É nesse desassossego que o pensamento examina o problema e, obviamente, nenhuma solução que encontrem dentro dessa agitação é um resposta verdadeira; só cria mais problemas. É exatamente isso que está acontecendo com todos nós. Portanto, será que podem olhar o problema sem o pensamento? O pensamento é o resultado de experiências acumuladas; são essas lembranças que respondem ao problema. Mas será que podem suspender o pensamento de modo que, no momento, a mente não fique sob pressão, sob o peso de milhares de dias passados? Não é uma simples questão de dizer: "Não vou pensar". Isso é impossível. Se percebem, contudo, a verdade de que uma mente agitada, que sempre reage de acordo com o seu condicionamento, o seu fundo, suas experiências acumuladas; se percebem que uma mente assim não pode resolver nem compreender o problema; se percebem, perfeitamente, esse fato, então descobrem que o pensamento não é o instrumento que irá resolver nossos problemas.

Deixem-me colocar isso de outra maneira. Ao que parece, tudo que um homem faz um aparelho eletrônico também pode fazer. Estão descobrindo que, em uma ou duas décadas, devidamente aperfeiçoada, a máquina também poderá fazer o que a mente humana faz, e com muita eficiência. Provavelmente comporá, escreverá poemas, traduzirá livros etc. E, quimicamente, estão produzindo drogas que proporcionam conforto e paz, que acabam com as preocupações e tranqüilizam. Entendem o que vai acontecer? Será que a máquina vai assumir o trabalho que fazem, realizando-o talvez melhor, e será que a droga vai dar-lhes paz de espírito? Suponhamos que certas drogas possam fazer que suas mentes fiquem extraordinariamente calmas de modo que não precisem de nenhuma disciplina, de controle, de exercícios respiratórios nem de qualquer outro truque. Nesse caso, a mente vulgar, superficial, limitada, que não enxerga um palmo diante do nariz, essa mente não terá mais preocupações, viverá em paz. Tal mente, no entanto, continua vulgar, limitada, com os mesmos pensamentos superficiais. Embora muito calma pelo uso de pílulas, não rompeu com suas próprias limitações, não é? Uma mente vulgar que pensa em deus, que passa de uma imagem para outra, que pronuncia uma porção de palavras e que murmura uma quantidade de orações, essa mente continua vulgar. E esse é o caso da maioria de nós. Por conseguinte, sendo o pensamento sempre superficial, vulgar e limitado, como suspender esse pensamento de modo que não haja mais fronteira de espécie alguma, de modo que haja liberdade — mas, não, a liberdade de alguma coisa nem a liberdade para alguma coisa? Espero que compreendam a pergunta.

Vejam isto: podemos melhorar indefinidamente — pensar um pouco mais, promover o auto-aperfeiçoamento, ser mais gentil, mais generoso, mais isso e mais aquilo, sempre, contudo, dentro do campo do *ego*, do *eu*. É o *eu* que está conseguindo ser alguma coisa e esse *eu*, evidentemente, é sempre um amontoado de experiências e memórias. O problema é como eliminar, derrubar as fronteiras do *eu*. Quando digo *como,* não me refiro a um método, mas a uma investigação, pois todo método envolve o pensamento, o controle do pensamento, a substituição de um pensamento por outro. Por isso, quando empregam um método, um sistema, uma disciplina, não estão investigando.

Percebendo tudo isso, que o pensamento é produto da memória, da experiência acumulada (sempre muito limitada) e que a busca da realidade, deus, verdade, perfeição e beleza é tão-somente uma projeção do pensamento (em conflito com o presente e lançando-se para o futuro); percebendo que o afã pelo futuro cria o tempo; percebendo tudo isso, pois, é óbvio que o pensamento pára. Certamente que tem de haver alguma coisa que o pensamento não logra captar e guardar na memória, algo totalmente novo, inteiramente desconhecido e que não se pode reconhecer. E como podem, com a agitação do pensamento, compreender esse estado?

Compreender é uma questão de tempo? Será que vão compreender isso amanhã simplesmente por pensarem na questão? Quando têm um problema, sabem como o pensamento o investiga, analisa, como o divide e nele penetra tanto quanto pode e, assim, fica sem resposta porque está sempre olhando o problema com ansiedade. Então, ele o abandona, põe de lado e, uma vez que o pensamento está desligado do problema, de modo que este já não pressiona mais a mente, nem consciente nem inconscientemente, nesse momento é que vem a resposta. Isso já deve ter acontecido com os senhores.

Será, portanto, que não podemos perceber todo esse jogo do pensamento? Sabem muito bem como reverenciam o intelectual cheio de conhecimentos, que são apenas palavras e idéias, mas que ainda vive na superficialidade. Já observaram como instintivamente são atraídos pelo homem que diz "Eu sei"? Vendo, portanto, tudo isso, a pergunta é: podemos suspender o pensamento? Se entenderam o problema, nesse caso, quando eu começar a explorá-lo mais profundamente, estarão aptos a acompanhar.

❖

Há o problema da morte, o problema de deus, da virtude, das relações; há o problema do conflito em nós — o emprego, a falta de dinheiro; há o problema da pobreza, da fome e de toda a miséria, do desespero e da esperança. Não podem resolver esses problemas separadamente, um a um; é impossível. Têm de resolvê-los totalmente, como uma coisa só, e não aos pouquinhos; do contrário, jamais os resolverão. Se tentarem resolver um problema como se ele estivesse dissociado dos demais, apenas criarão outro problema.

Nenhum problema existe separado, isolado. Todo problema está relacionado com outro, não só na superfície como também no fundo; têm, por conseguinte, de compreendê-lo integralmente. E o pensamento nunca pode compreendê-lo totalmente porque o pensamento é parcial, fragmentário. Como pode a mente, portanto, resolver o problema? Não podem resolvê-lo como se ele fosse isolado; não podem achar uma solução através de uma abstração intelectual; não podem resolvê-lo com lembranças acumuladas; não podem resolvê-lo fugindo para um templo, para o álcool, para o sexo ou algo mais. É preciso compreendê-lo totalmente, entendê-lo por inteiro e isso só pode acontecer quando suspendemos o pensamento. Quando a mente está calma, sem agitação, o problema se reflete nela de outra maneira. Quando o lago está muito tranqüilo, pode-se ver o fundo, pode-se ver cada peixe, cada plantinha aquática, cada ondulação; assim também, quando a mente se acha de todo tranqüila, podemos ver as coisas com extraordinária clareza. E tal só pode acontecer quando cessa o pensamento, não para resolver o problema, mas para ver o que ele significa, sua condição fragmentária e, então, o pensamento, espontaneamente, fica sereno e tranqüilo, não apenas no nível consciente mas profundamente também.

Eis por que o autoconhecimento é essencial pois essencial é aprendermos sobre nós mesmos. E não podemos aprender sobre nós se não olharmos ou se olharmos com uma mente repleta de conhecimentos acumulados. Para aprender, precisamos estar livres. Só assim podem olhar o problema não apenas na superfície; só assim é possível responder a cada problema, a cada desafio de uma profundidade que o pensamento não pode alcançar.

Uma mente tranqüila e serena não entra em decadência, não está morta nem corrompida como a que ficou tranqüila com uma droga, com a respiração ou com qualquer sistema de auto-hipnose. É uma mente totalmente desperta; cada uma de suas regiões inexploradas está iluminada e é desse centro de luz que ela responde — sem jamais projetar sombra.

Madras, 22 de Dezembro de 1959

Gostaria de saber se estão totalmente cônscios dessa extraordinária compulsão de pertencer a alguma coisa. Estou certo de que a maioria de nós pertence a algum partido político, a um grupo ou crença organizada; está comprometida com algum modo de pensar ou viver e isso, evidentemente, nega a liberdade. Não sei se, em algum momento, já examinaram essa compulsão de pertencer a algo, de se identificarem com um país, um sistema, um grupo, com certas crenças políticas ou religiosas. Claro que, sem compreender essa compulsão de ser parte de alguma coisa, nada significa simplesmente deixarem o partido ou o grupo uma vez que logo se comprometerão com outro.

Já não fizeram isso? Deixam um *ismo* (catolicismo, comunismo, moralismo, rearmamentismo e deus sabe lá o que mais) e aderem a outro. Largam um compromisso e pegam outro, compelidos pela necessidade de pertencer a alguma coisa. Por quê? Acho que essa é uma pergunta muito importante para fazermos a nós mesmos. Por que desejam ser membros de alguma coisa? Sem sombra de dúvida que apenas a mente que está só pode acolher o verdadeiro, não a que está comprometida com algum partido ou crença. Pensem nisso, por favor, consultem o coração. Por que pertencemos a alguma coisa? Por que se submetem a um país, um partido, uma ideologia, uma crença, uma família, uma raça? Por que esse desejo de se identificarem com alguma coisa? Quais são as implicações disso? Só o homem que está completamente fora desse processo pode compreender, e não o homem comprometido com um grupo ou que está constantemente passando de um grupo para outro, deste para aquele compromisso.

Claro que desejam pertencer a alguma coisa porque isso lhes dá uma sensação de segurança — não apenas segurança externa mas também a segurança interior. Quando pertencem a alguma coisa, sentem-se seguros. Pertencendo ao que se chama hinduísmo, sentem-se socialmente respeitáveis, interiormente seguros, confiantes. Portanto, comprometem-se com alguma coisa a fim de terem a sensação de segurança, firmeza, o que, evidentemente, diminui a margem de liberdade — não é isso?

A maioria de nós não está livre. Somos escravos do hinduísmo, do comunismo, desta ou daquela sociedade, de líderes, de partidos políticos, religiões organizadas, gurus e, assim, acabamos perdendo nossa dignidade de seres humanos. Só temos dignidade como ser humano quando experimentamos, cheiramos e conhecemos essa coisa extraordinária chamada liberdade. Da liberdade florescente é que vem a dignidade humana. Se não conhecemos essa liberdade, vivemos como escravos. É isso que está acontecendo no mundo, não é? E creio que o desejo de pertencer a alguma coisa, de nos comprometermos com algo é uma das causas de se amesquinhar a liberdade. Para estarmos isentos desse impulso de pertencer, para estarmos livres do desejo de nos comprometermos, temos de investigar nossa maneira de pensar, temos de estar em comunhão com nós mesmos, com nosso próprio coração e nossos desejos. E isso é uma coisa muito difícil de fazer. Requer paciência, um delicado exame da questão, uma constante e persistente investigação de nós mesmos, sem condenação nem aceitação. Isso é que é a verdadeira meditação; mas não acharão nada fácil realizar tal coisa e pouquíssimos dentre nós estarão dispostos a se empenhar nisso.

A maioria de nós escolhe o caminho fácil de ser guiado, conduzido; mas, pertencendo a alguma coisa, perdemos nossa dignidade humana. "Bem, já ouvi isso antes; ele está falando do seu assunto favorito" — é o que talvez digam, virando as costas. Gostaria que ouvissem isso como se fosse pela primeira vez — assim como olhar o pôr-do-sol ou o rosto de um amigo pela primeira vez. Nesse caso, aprenderiam e, aprendendo, descobririam por si mesmos — que nada tem que ver com a chamada liberdade oferecida por outrem.

Desse modo, examinemos paciente e perseverantemente essa questão do que é a liberdade. Só o homem livre pode compreender a verdade que é descobrir se existe algo eterno, além da medida da mente; mas o homem sobrecarregado com sua própria experiência ou conhecimento nunca é livre porque o conhecimento o impede de aprender.

Vamos, pois, em comunhão, indagar juntos sobre essa questão do que é liberdade e como chegar a ela. E, para indagar, obviamente que é preciso haver liberdade desde o começo pois, do contrário, não podemos indagar, podemos? É absolutamente necessário que deixemos de pertencer a alguma coisa; só então estará a mente apta a indagar. Se a mente, no entanto, estiver entravada, presa a algum compromisso (político, religioso, social ou econômico), então, uma vez que não há liberdade, o próprio compromisso impedirá que ela indague.

Ouçam, por favor, o que se está dizendo e vejam, por si mesmos, o fato de que o primeiro movimento da indagação deve nascer da liberdade. Não poderão indagar se tiverem um compromisso assumido assim como um animal preso a uma árvore não pode ir longe. A mente torna-se escrava se está comprometida com o hinduísmo, o budismo, o islamismo, o cristianismo, o comunismo ou com qualquer outra coisa inventada. Por conseguinte, não podemos caminhar juntos a menos que compreendam, desde o começo, daqui para a frente, que, para investigar, tem de haver liberdade. É preciso que haja renúncia ao passado — não contrariados, ressentidos, mas como um simples e total abandono.

Afinal de contas, os cientistas que enfrentaram o problema de ir à Lua estavam livres para investigar, embora bastante escravizados a seu país e tudo o mais. Apenas me refiro a essa liberdade específica do cientista, empregado para pesquisar. Pelo menos, enquanto em seu laboratório, ele está livre para pesquisar. Nosso laboratório, contudo, é o nosso viver, é todo o nosso curto período de vida, dia após dia, mês após mês, ano após ano, e nossa liberdade para indagar tem de ser total — não uma coisa fragmentada como acontece com os técnicos. É por isso que, se quisermos aprender a compreender o que é a liberdade, se quisermos mergulhar profundamente nessas dimensões insondáveis, devemos, logo de início, abandonar todos os nossos compromissos e ficar sós. E isso é muito difícil fazer.

No outro dia, em Caxemira, vários "sannyasis" me disseram: "Nós vivemos sozinhos na neve. Nunca vemos ninguém. Ninguém jamais nos visita". E eu lhes respondi: "Estão realmente sozinhos ou apenas ficam separados da humanidade?" "Oh, sim (replicaram), estamos sozinhos." Mas eles estavam com os seus Vedas e Upanixades, com suas experiências e conhecimentos acumulados, com suas meditações e práticas. Ainda estavam carregando a carga de seu condicionamento. Isso não é estar só. Por vestirem o manto amarelo, esses homens afirmam para si mesmos: "Renunciamos ao mundo". Mas não renunciaram. Nunca podemos renunciar ao mundo porque o mundo faz parte de nós. Podem renunciar a algumas vacas, a uma casa, a algumas propriedades; mas, para renunciar à sua herança, tradição, experiência racial acumulada, toda a carga do condicionamento próprio — isso requer uma profunda indagação, uma busca total que é o movimento do aprender. Mas tornar-se um monge ou um eremita, isso é muito fácil.

Considerem bem e vejam como tudo isso os escraviza: o emprego, o sair de casa para o escritório diariamente, durante trinta, quarenta ou cinqüenta anos, o conhecimento de técnicas como o do engenheiro, do advogado, do matemático, do conferencista. É claro que, neste mundo, precisamos conhecer uma técnica e ter um emprego, mas observem como essas coisas estão reduzindo a margem da liberdade. Prosperidade, progresso, segurança, êxito — tudo isso está amesquinhando a mente de modo que, no fim, ou mesmo agora, a mente acaba mecanizada e continua a repetir coisas que aprendeu.

Uma mente que deseja investigar a liberdade e descobrir sua beleza, sua imensidão, sua energia e sua estranha condição de não ser útil no sentido vulgar da palavra — essa mente deve, antes de tudo, pôr de lado seus compromissos, o desejo de ser parte de alguma coisa e, com tal liberdade, investigar. Nisso estão envolvidas muitas questões. Qual o estado da mente que está livre para investigar? O que significa estar livre de compromissos? Deve um homem casado livrar-se dos seus compromissos? Evidente que onde há amor não há compromisso; o senhor não é propriedade da esposa assim como sua esposa não é propriedade sua. Mas o fato é que pertencemos uns aos outros porque nunca sentimos essa coisa extraordinária chamada amor e aí é que está a nossa dificuldade. Comprometemo-nos quando nos casamos exatamente como nos comprometemos ao aprender uma técnica. Amor não envolve compromisso; mas isso é muito difícil compreender pois a palavra não é a coisa. Ser sensível a outras pessoas, ter um sentimento puro, não corrompido pelo intelecto — isso é que é realmente amor.

Não sei se já consideraram a natureza do intelecto. O intelecto e suas atividades vão muito bem até certo ponto, não é isso? Quando ele, porém, interfere nesse sentimento puro, começa a mediocridade. Saber qual é a função do intelecto e estar cônscio desse sentimento puro sem deixar que se misturem e se destruam, isso requer percepção clara e penetrante.

Quando dizemos que devemos investigar alguma coisa, haverá, de fato, alguma investigação que tenhamos de fazer, ou há tão-somente percepção direta? Entendem? Espero estar sendo claro. Investigação, geralmente, é um processo de análise que chega a uma conclusão. Essa é a função da mente, do intelecto, não? O intelecto diz: “Analisei e cheguei a essa conclusão”. Dessa conclusão move-se para outra conclusão e assim vai em frente.

Quando o pensamento provém de uma conclusão, já não há mais pensamento uma vez que a mente já concluiu. Só há pensamento quando não há conclusão. Eis aí outra coisa que terão de examinar, sem aceitar nem rejeitar. Se concluo que o comunismo ou o catolicismo ou qualquer outro *ismo* é isso ou aquilo, parei de pensar. Se concluo que há Deus ou que não há Deus, já deixei de investigar. Conclusão é uma forma de crença. Se quero descobrir se há Deus ou qual é o verdadeiro papel do Estado em relação ao indivíduo, jamais poderei começar com uma conclusão uma vez que a conclusão é uma forma de compromisso.

Assim, a função do intelecto é sempre investigar, analisar, indagar — não é isso? Mas, como queremos segurança interior, psicológica; como sentimos medo e ansiedade em relação à vida, buscamos uma conclusão com a qual acabamos comprometidos. De um compromisso passamos a outro e afirmo que uma mente e um intelecto dessa espécie, escravizados a uma conclusão, pararam de pensar, de investigar.

Não sei se já observaram o enorme papel que o intelecto desempenha em nossa vida. Os jornais, as revistas, tudo que nos rodeia cultiva o raciocínio. Não que eu esteja contra o raciocínio. Pelo contrário, devemos ter a capacidade de raciocinar com muita clareza e penetração. Se, todavia, observarem, vão descobrir que o intelecto está sempre analisando — por que pertencemos a alguma coisa ou não pertencemos, por que devemos ser um forasteiro para encontrar a realidade e assim por diante. Aprendemos o processo da auto-análise. Por conseguinte, há o intelecto com sua capacidade de indagar, analisar, raciocinar e chegar a conclusões e há o sentimento, o sentimento puro que o intelecto está sempre perturbando e retocando. E, quando o intelecto interfere no sentimento puro, a mente se vulgariza. De um lado, portanto, temos o intelecto com sua capacidade de raciocinar com base nos seus gostos, com seu condicionamento, com sua experiência e conhecimento e, de outro lado, temos o sentimento que acaba corrompido pela sociedade e pelo medo. E porventura os dois revelam a verdade? Ou será que só existe percepção e nada mais? Receio que não esteja claro. Vou explicar o que quero dizer.

Para mim, só há percepção — que significa ver alguma coisa, imediatamente, como falsa ou verdadeira. A percepção imediata do que é falso e do que é verdadeiro, esse é que é o fator essencial, não o intelecto com seu raciocínio que tem por base sua habilidade, seu conhecimento e seus compromissos. Já lhes deve ter sucedido, algumas vezes, perceber a verdade de alguma coisa instantaneamente — como a verdade de que não pertencem a nada. Percepção é isto: ver a verdade de alguma coisa imediatamente, sem análise, sem raciocínio, sem nada do que o intelecto cria para adiar a percepção. Isso é inteiramente diferente de "intuição", uma palavra que usamos sem cerimônia e com leviandade. E percepção nada tem que ver com experiência. A experiência diz que devem pertencer a alguma coisa porque, do contrário, serão destruídos, perderão o emprego, a família, a propriedade, a posição e o prestígio.

O intelecto, dessa maneira, com todo o seu raciocínio, com suas engenhosas avaliações, com seu pensamento condicionado, alega que devem fazer parte de alguma coisa, que devem comprometer-se com algo a fim de sobreviver. Se perceberem, porém, que o indivíduo deve estar completamente só, essa percepção, nesse caso, será um fator de libertação e, para estar só, não se precisa lutar.

Para mim, a única coisa que importa é essa percepção direta, e não o raciocínio, o cálculo, a análise. Devem ter a capacidade de analisar, precisam ter uma mente boa e penetrante a fim de raciocinar; mas a mente que está limitada ao raciocínio e à análise é incapaz de perceber a verdade. Para perceber imediatamente a verdade de que é tolice pertencer a qualquer organização religiosa, têm de olhar o âmago de seus corações, conhecê-lo totalmente, sem os obstáculos criados pelo intelecto. Se estiverem em harmonia consigo mesmos, saberão por que pertencem a alguma coisa, por que se comprometem e, se forem além, hão de ver a escravidão, hão de ver como se reduz a liberdade e como o compromisso acarreta a falta da dignidade humana. Quando percebem tudo isso instantaneamente, estão livres; não precisam fazer nenhum esforço para se libertarem. É por isso que a percepção é essencial. Todos os esforços para se libertarem nascem da autocontradição. Fazemos esforço porque estamos num estado de contradição interior e tal contradição e esforço geram muitas vias de fuga que nos mantêm na perpétua rotina da escravidão.

Parece-me, portanto, que devemos ser muito sérios, não no sentido de estarmos obrigados a alguma coisa. As pessoas que mantêm um compromisso não são absolutamente sérias. Entregaram-se a algo a fim de atingir seus próprios objetivos, a fim de melhorar sua posição ou prestígio. Tais pessoas, para mim, não são sérias. Sério é o homem que quer descobrir o que é a liberdade e que, para isso, investiga sua própria escravidão. Não digam que não são escravos. Se pertencem a alguma coisa, isso é escravidão, embora seus líderes falem de liberdade. Assim fizeram Hitler e Krushev. De liberdade falam os ditadores, os gurus, os presidentes ou vice-presidentes e todos de qualquer organização religiosa e política. Liberdade, contudo, é algo inteiramente diferente. É um fruto precioso sem o qual se perde a dignidade humana; é o amor sem o qual jamais descobrirão deus, a verdade ou aquilo que não tem nome. Façam o que quiserem (cultivem todas as virtudes, sacrifiquem-se, trabalhem como escravos, busquem caminhos para serem úteis ao ser humano), mas, sem liberdade, nada disso trará à luz aquela realidade que está em nosso próprio coração. Essa realidade, essa coisa imensurável, só vem quando há liberdade — a total liberdade interior que apenas tem existência quando não estão comprometidos, quando não pertencem a nada, quando estão aptos a ficar completamente sós, sem amargura nem cinismo, sem esperança nem decepção. Só essa mente-coração pode receber o imensurável.

Bombaim, 23 de Dezembro de 1959

Para penetrar fundo em nós mesmos, inteiramente, é necessário que haja liberdade — não no fim, mas no começo. Não perguntem como chegar a essa liberdade. Não há sistema de meditação, livro, droga nem qualquer truque psicológico sobre si próprios que lhes dê essa liberdade. A liberdade nasce da percepção de que ela é essencial. No momento em que percebem que a liberdade é essencial, é nesse momento que se encontram em revolta — revolta contra esse mundo feio, contra toda ortodoxia, contra a tradição, contra a liderança, tanto política quanto religiosa. A revolta dentro da estrutura da mente logo murcha; mas há uma revolta permanente que surge quando percebem por si mesmos que a liberdade é algo essencial.

Infelizmente, muitos de nós não temos consciência de nós mesmos. Nunca demos atenção às nossas mentes como damos às nossas técnicas, aos nossos empregos. Nunca realmente nos olhamos; nunca vagamos pelas nossas profundezas sem uma intenção ou premeditação, sem nelas buscar alguma coisa. Nunca chegamos a empreender uma viagem pelo nosso interior sem um motivo. No momento em que temos um motivo, uma intenção, acabamos escravizados a isso; já não podemos perambular livremente por dentro de nós mesmos porque estamos sempre pensando em termos de mudança e auto-aperfeiçoamento. Estamos atados à idéia do auto-aperfeiçoamento, que é uma projeção de nossa própria mente estreita e vulgar.

Considerem, por favor, o que estou dizendo, mas não apenas no nível verbal; observem a própria mente, a condição real do seu interior. Enquanto forem escravos de alguma coisa, nada significará ficar murmurando o nome de deus e falando sobre a verdade e todas as coisas que aprenderam nos livros sagrados. Isso apenas perpetua a escravidão em que se encontram. Se a mente, contudo, começa a perceber como a liberdade é necessária, ela gerará a sua própria energia que vai, então, operar, sem nenhum esforço calculado, para se libertar da escravidão.

Estamos interessados, portanto, na libertação do indivíduo. Mas é dificílimo encontrar o indivíduo uma vez que, no presente, não somos indivíduos. Somos produto do nosso meio, da nossa cultura, das nossas tradições; somos o produto do que comemos, do nosso clima, dos costumes e tradições. Certamente que isso não é individualidade. Acho que a individualidade só pode existir quando estamos plenamente cônscios deste ilusório movimento do meio ambiente e da tradição que escraviza a mente. Enquanto aceito as regras da tradição, de uma cultura em particular; enquanto carrego o peso de minhas memórias, minhas experiências (que são, afinal de contas, o resultado do meu condicionamento), não sou um indivíduo; sou apenas um produto.

Varanasi, 24 de Janeiro de 1960

Lendo os jornais e observando os acontecimentos no mundo, podemos ver que a liberdade está diminuindo cada vez mais; os limites da liberdade estão-se reduzindo. Sabem o que quero dizer? A mente tem muito pouca chance de ser livre; não está apta a ponderar, a sentir, a descobrir, pois as religiões organizadas pelo mundo afora, com suas crenças dogmáticas, mutilaram nosso pensamento; as superstições e tradições enclausuraram e condicionaram a mente. São hindus, cristãos, muçulmanos ou pertencem a alguma outra crença organizada que lhes impuseram desde a infância e, desse modo, vivem dentro deste limitado círculo, maior ou menor. Quando disserem que são hindus, muçulmanos ou o que quiserem, observem, por favor, suas próprias mentes. Não estão apenas repetindo o que lhes ensinaram? O fato é que não sabem; simplesmente aceitam — e aceitam por conveniência. Social e economicamente, é seguro aceitar tal círculo e viver dentro dele. Assim, negam a liberdade não somente os hindus, os cristãos e muçulmanos, mas também todos que permanecem dentro de uma religião organizada.

Se observarem, no entanto, verão que, qualquer que seja a profissão que tenham, ela também os escraviza. Como pode ser livre o homem que leva quarenta anos numa profissão? Olhem o que acontece com o médico. Depois de sete anos ou coisa assim na universidade, pelo resto da vida será um clínico geral ou um especialista e acabará escravo da profissão. Naturalmente que sua margem de liberdade é muito pequena. E o mesmo acontece com os políticos, os reformadores sociais e as pessoas idealistas que perseguem um objetivo na vida.

Se observarem isso, portanto, verão que, em toda parte do mundo, a margem de liberdade e de dignidade humana está ficando cada vez menor. Nossas mentes são simples máquinas. Aprendemos uma profissão e, para todo o sempre, tornamo-nos escravos dela. Parece-me que precisamos de muita compreensão, percepção real, *insight* para romper com este círculo que a mente e a sociedade armaram em torno de todos nós. Para examinar essa escravidão e enfrentá-la fundamental, profunda e radicalmente, creio que temos de ser revolucionários, isto é, pensar e sentir com profundeza, e não apenas olhar de fora para as coisas. E precisamos ter senso de humildade, não?

Não creio que a humildade seja uma virtude que se possa cultivar. Virtude cultivada é uma coisa horrível pois, no momento em que cultivam uma virtude, ela deixa de ser virtude. Virtude é uma coisa espontânea, está fora do tempo, é algo vivo no presente. A mente que apenas cultiva humildade jamais conhecerá a plenitude, a profundidade e a beleza de ser realmente humilde. Não estando a mente nesse estado, não creio que possa aprender. Pode funcionar mecanicamente, mas é claro que aprender não é acumulação mecânica de conhecimentos. O movimento do aprender é algo completamente diferente. E, para aprender, a mente deve ser muito humilde.

Quero saber o que é liberdade, e não especular sobre a liberdade, o que é uma autoprojeção, uma reação e alguma coisa. Haverá, realmente, essa coisa que se chama liberdade, esse estado em que a mente, de fato, se liberta de todas as tradições e padrões que lhe têm sido impostos durante séculos? Quero saber que coisa extraordinária é essa pela qual as pessoas vêm lutando através das idades; quero descobrir isso, aprender sobre isso. E como realizar tal coisa se não tenho qualquer senso de humildade? Humildade nada tem que ver com o ar de humildade autoprotetora de que a mente se reveste. Isso é pavoroso! Não se cultiva humildade e certamente que ela é uma das coisas mais difíceis de experimentar uma vez que já nos fixamos em determinadas posições. Temos idéias e valores, uma soma de experiências e conhecimentos e esse fundo é que dita nossas atividades e pensamentos. Um homem idoso que tenha acumulado conhecimentos através de suas próprias experiências e das experiências de outros e que está sendo levado pelo impulso de ser importante, de conseguir posição, poder e prestígio, como pode ele ser humilde e aprender sobre as suas próprias vulgaridades? Desse modo, parece-me que precisamos estar muitíssimo atentos e profundamente cônscios deste senso de humildade.

Ojai, 21 de Maio de 1960

Embora haja enorme progresso no mundo; embora possamos viajar pelo espaço e visitar a Lua, Vênus e tudo mais, as vidas da maioria de nós ainda são muito fúteis e superficiais; ainda são voltadas para o mundo exterior. É muito mais difícil caminhar para o interior; não há técnica para isso; nenhum professor pode ensinar tal coisa; não existe laboratório onde se aprenda a viajar para dentro. Não há instrutor que possa guiá-los e (acreditem-me, por favor) não há autoridade de espécie alguma que possa ajudá-los a investigar esta complexa entidade chamada mente. Terão de fazer isso inteiramente sozinhos, sem contar com coisa alguma. E, como a moderna civilização está ficando cada vez mais complicada, cada vez mais exteriorizada, há uma tendência em todos nós para viver ainda mais superficialmente, não há? Vamos cada vez mais a concertos, lemos livros mais brilhantes, freqüentamos mais o cinema, reunimo-nos para discussões intelectuais, investigamo-nos psicologicamente com o auxílio de analistas e assim por diante. Ou, então, como vivemos vidas tão superficiais, procuramos igrejas e enchemos nossas mentes com seus dogmas, racionais ou não, com crenças quase absurdas, ou fugimos para uma forma qualquer de misticismo. Em outras palavras, percebendo que nossa vida diária é fútil, muitos tentam escapulir dela. Desse modo, empregamos nossas mentes em filosofias especulativas ou naquilo a que chamamos meditação, contemplação, que é uma forma de auto-hipnose, ou, se somos intelectualizados, criamos um mundo mental todo nosso no qual vivemos satisfeitos, intelectualmente contentes.

Vendo todo esse processo, parece-me que o problema não é o que fazer nem como viver nem como agir quando temos de enfrentar a guerra e as catástrofes que realmente ocorrem no mundo, mas, antes, como investigar a liberdade. Sem liberdade não há criação. Com essa palavra, liberdade, não me refiro à liberdade de fazer o que quisermos, de pegar um carro e disparar pela estrada ou pensar de qualquer maneira ou comprometer-nos com uma atividade qualquer. Parece-me que tais formas de liberdade não constituem absolutamente a liberdade. Mas haverá uma liberdade da mente? Como a maioria de nós não vive num estado criador, creio ser imperativo que qualquer homem atento e sério investigue, profunda e cuidadosamente, essa questão.

Se observarem, verão que as fronteiras da liberdade estão ficando cada vez mais reduzidas. Política, religiosa e tecnologicamente, nossa mentes estão sendo moldadas e, em nossa vida diária, diminui a liberdade. Quanto mais civilizados nos tornamos tanto menos liberdade existe. Não sei se já notaram como a civilização está fazendo que nos tornemos técnicos e a mente formada por uma técnica não é livre. A mente que é produto de uma igreja, de dogmas, da religião organizada, essa mente não é livre. Não é livre também a mente obscurecida pelo conhecimento. Se nos observarmos a nós mesmos, logo se tornará óbvio que nossas mentes estão sobrecarregadas pelo conhecimento — temos conhecimentos demais. Nossas mentes estão presas às crenças e aos dogmas que as religiões organizadas do mundo inteiro infundiram nelas. Nossa educação é um enorme processo de aquisição de técnicas a fim de ganharmos melhor a vida, e tudo que nos rodeia condiciona nossas mentes; somos dirigidos e controlados por todo tipo de influência. Assim, a margem de liberdade está ficando cada vez menor. O terrível peso da respeitabilidade, a aceitação da opinião pública, nossos temores e ansiedades, todas essas coisas, certamente, caso estejamos cônscios delas, estão reduzindo a liberdade. E o que talvez possamos discutir e compreender é isto: como libertar a mente e, ainda assim, viver neste mundo com toda sua técnica, seus conhecimentos e experiências? Creio que esse é que é o problema, a questão capital, não somente neste país como também na Índia, na Europa e em todo o mundo. Não somos criativos; estamos ficando mecanizados. Com a palavra criatividade, não me refiro apenas a escrever um poema, pintar um quadro, ou inventar algo. Isso é mera capacidade de uma mente talentosa. Refiro-me a um estado criador.

Mas só devemos penetrar nisso quando compreendermos a questão central: que nossas mentes estão ficando cada vez mais condicionadas, que está diminuindo, cada vez mais, a margem de liberdade. Ou somos americanos, com todo emocionalismo e sentimento nacionalista que a bandeira inspira, ou somos russos, indianos, isso ou aquilo. Vivemos separados por fronteiras, dogmas, conflitantes modos de pensar e diferentes espécies de pensamento religioso organizado; politicamente, religiosamente, economicamente e culturalmente estamos separados. Mas, se examinarmos todo esse processo que se desenrola em torno de nós, veremos que, como seres humanos individuais, muito pouco significamos; quase nada somos.

Temos muitos problemas, tanto individuais quanto coletivos. Talvez possamos resolver alguns desses problemas individuais; quanto aos coletivos, faremos o que pudermos. Não são esses problemas, todavia, que constituem a questão básica. Parece-me que a questão essencial é libertar a mente e não podemos libertá-la, ou ela mesma não pode libertar-se, enquanto não se compreender a si própria. Fundamental é o autoconhecimento — o conhecer-nos a nós mesmos. E isso requer um estado de atenção; se não nos conhecermos, não teremos base para raciocinar, para pensar. Mas conhecer e conhecimento são duas coisas diferentes. Conhecer é um processo dinâmico enquanto que o conhecimento é sempre estático.

Não sei se esse ponto está claro; se não estiver, talvez possa esclarecer à medida que prosseguirmos. Mas o que desejo fazer agora é apenas apontar certas coisas e, depois, poderemos investigá-las. Temos de começar olhando o quadro inteiro — sem nos concentrarmos em nenhum ponto particular, em nenhum problema ou ação em particular; vamos apenas, por assim dizer, olhar a totalidade de nossa existência. Depois de ver esse extraordinário quadro que nos retrata como somos, podemos, então, pegar o livro que somos nós próprios e ler capítulo por capítulo, página por página.

Para mim, por conseguinte, o problema central é a liberdade. Liberdade não é o estar livre *de* alguma coisa; isso é apenas reação. Sinto que liberdade é algo completamente diferente. Se estou livre do medo, isso é outra coisa. Estar livre do medo é uma reação que só produz coragem. Falo de uma liberdade que não é estar livre de alguma coisa, que não é reação e que requer muita compreensão. Gostaria de sugerir àqueles que estão ouvindo que dêem um tempo a fim de pensar sobre aquilo que estamos discutindo. Não estamos refutando nem aceitando nada uma vez que não sou nenhuma autoridade para os senhores pois não me apresento como instrutor. Para mim, não há instrutor nem seguidor; por favor, acreditem, digo isso muito seriamente. Não sou o instrutor dos senhores e, por isso, não são meus seguidores. No momento em que seguem alguém, estão presos, não são mais livres. Se aceitarem uma teoria qualquer, estarão atados a ela; se praticam um sistema, ainda que complicado, antigo ou moderno que seja, tornam-se escravos desse sistema.

O que estamos tentando fazer é investigar, descobrir juntos. Não estão simplesmente ouvindo aquilo que aponto; ouvindo, porém, estão tentando descobrir por si mesmos para serem livres. Este que lhes fala não é importante; da maior relevância, entretanto, é o que está sendo dito, o que é revelado, o que descobrimos por nós mesmos. Todo esse culto à personalidade, o seguir uma pessoa ou elevá-la à condição de autoridade, tudo isso é altamente nocivo. Importante é o que descobrem investigando como libertar a mente para que sejam seres humanos criativos.

Afinal de contas, uma mente obstruída e atravancada não pode descobrir a realidade ou aquilo que não se consegue exprimir em palavras. Creio que há um estado, chamem-no como quiserem, que não é da experiência de nenhum santo, de nenhum buscador, de nenhuma pessoa que se esforça por descobri-lo pois toda experiência é, de fato, a continuação do passado. A experiência apenas fortalece o passado; ela, portanto, não liberta a mente. O fator que liberta é o estado da mente capaz de experimentar sem o experimentador. E isso também exige explicação que é o que faremos.

O que quero dizer agora é que há uma enorme perturbação e incerteza não só no indivíduo como também no mundo e, como resultado, surgiu todo tipo de filosofia: a filosofia do desespero, a do imediatismo, a de aceitar a existência como é. Há um rompimento com as tradições e com a aceitação ao lado da construção de um mundo de reações. Ou, então, abandonam uma religião e vão para outra; se são católicos, deixam o catolicismo e tornam-se hinduístas ou ligam-se a outro grupo qualquer. Certamente que nenhuma dessas respostas ajudará a mente, de alguma forma, a ser livre.

Para promover essa liberdade, precisamos do autoconhecimento, isto é, precisamos conhecer nossa maneira de pensar, e descobrir, nesse processo, toda a estrutura da mente. Como sabem, o fato é uma coisa e o símbolo é outra; a palavra é uma coisa e outra o que ela representa. Para a maioria de nós, o símbolo (o símbolo da bandeira, o símbolo da cruz), o símbolo tornou-se muitíssimo importante; vivemos, portanto, de símbolos e palavras. Mas a palavra e o símbolo nunca são importantes. E é assombrosamente difícil a tarefa de destruir a palavra e o símbolo e ir além. Extremamente difícil também é libertar a mente das palavras — "ser americano, católico, democrata, russo, hindu". Entretanto, se quisermos saber o que é liberdade, temos de destruir o símbolo e a palavra. A fronteira da mente é estabelecida pela educação, pela aceitação da cultura em que fomos criados, pela tecnologia, que faz parte da nossa herança, e, para penetrar todas essas camadas que condicionam nosso pensamento, é necessária uma mente muito alerta e viva.

Acho muito importante compreender, logo de início, que estas palavras não se destinam, de forma alguma, a dirigir ou controlar nosso pensamento nem moldar nossas mentes. Nosso problema é bem maior e, para resolvê-lo, não adianta pertencer a uma organização, ouvir um orador, aceitar uma filosofia oriental, perder-se no zen-budismo, buscar uma nova técnica de meditação nem ter novas visões pelo uso da mescalina ou de outra droga qualquer. Precisamos é de uma mente muito clara — uma mente que não receie investigar, uma mente capaz de estar só e de encarar sua solidão e vazio, uma mente capaz de destruir a si própria a fim de descobrir.

Quero ressaltar para todos, aqui, a importância de serem realmente sérios. Não vieram a esse encontro para mero entretenimento nem por curiosidade. Tudo isso é desperdício de tempo. Há uma coisa muito mais profunda e vasta que temos de descobrir por nós mesmos: como transcender as limitações de nossa própria consciência. Toda consciência é limitada e nenhuma mudança na consciência é realmente mudança. Creio ser possível (não misticamente nem como um estado ilusório, mas de fato) ultrapassar as fronteiras que a mente estabeleceu. Mas só podemos fazer isso quando somos capazes de investigar a condição da mente e ter um verdadeiro e profundo conhecimento de nós mesmos. Se não se conhecerem, não irão muito longe porque estarão perdidos numa ilusão, porque terão fugido para um mundo de idéias fantasiosas, para um novo tipo de sectarismo.

❖

Considerando, portanto, todos esses muitos aspectos do nosso viver, nosso problema principal (conforme vê o orador) é a questão da liberdade pois só em liberdade é que podemos descobrir, só em liberdade pode a mente ser criativa, só quando a mente se liberta é que há energia infinita — e essa energia é o movimento da realidade.

Para concluir, sugiro que considerem e observem a escravidão de suas próprias mentes e estejam cônscios dessa escravidão. O que se disse até aqui é apenas um esboço do conteúdo do livro e, se estiverem satisfeitos com esse esboço, com os títulos, com algumas das idéias, receio, então, que não irão muito longe. Não é uma questão de aceitar nem negar, mas, pelo contrário, de se investigarem a si mesmos, o que não exige nenhuma espécie de autoridade. Requer, sim, que não sigam ninguém, que sejam uma luz para si próprios e não podem ser tal luz se estiverem comprometidos com um tipo de conduta, com um tipo qualquer de atividade tida como respeitável, religiosa. Precisamos começar muito perto para ir muito longe e não podemos ir muito longe se não conhecemos a nós mesmos. O autoconhecimento não depende de nenhum analista. Podemos observar-nos à medida que seguimos o curso da existência com todas as nossas relações diárias. Sem essa compreensão, a mente jamais será livre.

Varanasi, 1º de Janeiro de 1962

Creio que a maioria de nós considera que a ação individual não é importante em relação a tanta ação coletiva necessária. Para a maioria de nós, a ação individual, geralmente, está em oposição à ação coletiva. Achamos que a ação coletiva é muito mais importante e significativa para a sociedade do que a ação individual. Achamos que a ação individual não nos leva a parte alguma, não é suficientemente importante nem bastante criativa para produzir uma verdadeira mudança de ordem, uma verdadeira revolução social. Por isso mesmo, vemos a ação coletiva como algo que impressiona muito mais, como algo muito mais premente do que a ação individual. Neste mundo, em particular, em que a mente se torna cada vez mais técnica e mecanizada, a ação individual tem muito pouco espaço e, assim, gradualmente diminui a importância do indivíduo e o coletivo passa a ter todo o valor.

Podemos observar isso quando a mente do homem está sendo dominada e coletivizada (se posso empregar tal palavra), quando está sendo forçada a se submeter muito mais do que antes. A mente não está mais livre. Está sendo moldada pela política, pela educação, pelas crenças e dogmas da religião organizada. Em toda parte, pelo mundo afora, tanto a liberdade quanto o indivíduo estão ficando cada vez menos importantes. Já devem ter notado, não apenas em suas próprias vidas mas também no geral, que a liberdade murchou — liberdade para pensar com independência, liberdade para defender o que acham direito, liberdade para dizer "não" à ordem estabelecida, liberdade para investigar, para indagar, para descobrir por si próprios. Liderança é uma coisa que, cada vez mais, assume maior importância pois queremos que nos digam o que fazer, queremos ser conduzidos. Mas, infelizmente, quando isso acontece, inevitável se torna a corrupção e a mente se deteriora — não a mente técnica, a que é capaz de construir pontes, reatores atômicos etc., mas aquela condição da mente que é criativa. Estamos usando a palavra criativa com sentido diferente do usual. Não quero dizer criativo no sentido de escrever um poema ou construir uma ponte ou pôr em mármore ou pedra uma visão que se tenha, o que não passa de expressões do que sentimos ou pensamos. Estamos falando de uma mente criativa num sentido completamente diverso; uma mente livre é criativa; é uma mente que não está presa a dogmas nem crenças; é uma mente que não se abriga dentro dos limites da experiência; é uma mente que rompe as barreiras da tradição, da autoridade e da cobiça, que já não se encontra nas malhas da inveja — essa é a mente criativa. E parece-me que, num mundo ameaçado pela guerra, em deterioração generalizada, essa mente livre e criativa é necessária não apenas na tecnologia mas em todos os outros aspectos também.

É absoluta e urgentemente necessário alterar todo o curso do pensamento humano, da existência humana que está ficando, cada vez mais, mecanizada. E não vejo como pode ocorrer essa revolução total a não ser no indivíduo. O coletivo não pode ser revolucionário; o coletivo só pode seguir, ajustar-se, imitar, submeter-se. Só o indivíduo, essa entidade, só ele pode ir adiante, destruir todos esses condicionamentos e ser criativo. É essa crise na consciência que exige essa mente, essa mente nova. E, aparentemente, do ponto de vista do qual observamos, nunca se pensa nessa direção; pensamos sempre que é o aperfeiçoamento técnico e mecânico que, de algum modo milagroso, dará origem à mente criativa, à mente livre do medo.

Vamos ocupar-nos, portanto, não do aperfeiçoamento da técnica, embora seja ela necessária para o mundo coletivo da ação mecanizada, mas de como gerar essa mente criativa, essa mente nova. Neste país, com efeito, como vemos, há uma decadência generalizada, com exceção, talvez, da indústria, de como ganhar mais dinheiro, construir ferrovias, dragar canais e rios, da metalurgia, da fabricação de mais mercadorias — sendo, embora, tudo isso necessário. Mas não é isso que produzirá uma nova civilização. Trará progresso, mas o progresso, como se vê, não traz liberdade para o homem. As coisas são necessárias, as mercadorias são necessárias; é necessário que haja mais casas, mais roupas e mais alimento; tudo isso é absolutamente necessário; há, contudo, uma outra coisa igualmente necessária: o indivíduo dizer "não".

É muito mais importante dizer "não" do que dizer "sim". Todos nós dizemos "sim", mas nunca dizemos "não" e mantemos o "não". É muito difícil negar e muito fácil concordar; a maioria de nós concorda porque é mais simples escorregar no conformismo por medo ou por desejo de segurança e, assim, começa a estagnar, a desintegrar-se. Dizer "não", porém, exige a mais alta forma de pensar, pois implica pensar negativamente, que é ver o que é falso. Perceber o falso, ver o falso com clareza, é exatamente essa percepção que constitui a ação criadora. Negar alguma coisa, duvidar sobre algo, ainda que sagrado, poderoso e instituído — isso requer profunda penetração, requer a destruição de nossas próprias idéias e tradições. Neste mundo moderno onde imperam a propaganda, a religião organizada e o charlatanismo, um homem assim é totalmente indispensável. Não sei se vêem também a importância disso — não verbalmente, teoricamente, mas de fato.

Sabem que há uma maneira de olhar as coisas. Ou as olhamos diretamente, experimentando o que se vê, ou examinamos, verbalmente, intelectualmente, o que vemos, formulando teorias sobre *o que é* e procurando explicações para *o que é*... Mas, sem procurar explicações nem fazer julgamentos (o que veremos depois) para perceber, diretamente, alguma coisa como falsa, precisamos de atenção, precisamos de toda nossa capacidade. E, ao que parece, especialmente neste infortunado país com sua tradição, autoridade e a chamada sabedoria antiga que governa e domina, parece que não existe aquela vigorosa condição de ver o falso, negá-lo e manter a negação. Para investigar o falso, contudo, a mente precisa estar livre. Não poderão indagar se já estiverem comprometidos com uma crença, uma experiência, um tipo de ação. Se já se comprometeram com algum cargo governamental, não podem investigar, não ousam duvidar porque perdem a posição, a influência e as coisas que receiam perder. Da mesma forma, quando se comprometem com uma religião como hindus, budistas e outros mais, não se arriscam a questionar nem eliminar e destruir tudo para descobrir. Infelizmente, a maioria de nós está comprometida politicamente, economicamente, socialmente ou religiosamente e, por causa desse compromisso, nunca pomos em dúvida o ponto central daquilo com que estamos comprometidos. Conseqüentemente, estamos sempre buscando a liberdade nas idéias, nos livros, num monte de palavras.

Assim, gostaria de sugerir, se me permitem, que, enquanto escutam, não somente ouçam as palavras, que são simples meios de comunicação, símbolos que temos de interpretar, mas também que, através delas, descubram sua própria condição mental, descubram as coisas com que estão comprometidos, descubram, por si próprios, as coisas a que estão de pés e mãos atados, atados de mente e coração, descubram isso realmente e vejam se é possível destruir essas coisas a fim de descobrir o verdadeiro. De outro modo, não vejo como possa ocorrer uma regeneração no mundo. Haverá revoltas sociais, comunistas ou de outra espécie qualquer; haverá mais prosperidade, mais alimento, mais fábricas, mais fertilizantes, mais máquinas etc. Certamente, porém, que isso não é a totalidade da vida, é somente uma parte dela. Mas cultuar o fragmento e viver nele não resolve os nossos problemas. E há também o sofrimento, a morte, a ansiedade, os tormentos de muitas idéias, esperanças e desesperanças — está tudo lá.

Se estiverem ouvindo, portanto, gostaria de sugerir que o fizessem com uma mente que se investiga a si mesma, que examina o seu próprio funcionamento em vez de ouvirem apenas palavras com as quais ela concorde ou das quais ela discorde, o que é totalmente irrelevante. E isso porque estamos lidando com fatos: o fato de que os seres humanos se tornam cada vez mais autômatos, o fato de que há cada vez menos liberdade, o fato de que, na confusão, recorrem à autoridade e o fato de que há conflito, exterior, como a guerra, e interior, como a miséria, a desesperança e o medo. Tudo isso são fatos com que temos de lidar, não teoricamente, mas na prática. Assim, estamos interessados em como provocar uma mudança, uma revolução radical no indivíduo, naquele que ouve, uma vez que ele é o único que pode ser criador — não o político, o líder, o homem importante, pois esses já estão comprometidos, já se instalaram num sulco. E eles querem fama, poder e posição. Pode ser que os senhores também queiram isso, mas ainda estão procurando o caminho para chegar lá, de modo que ainda há alguma esperança pois não se acham totalmente comprometidos, ainda não são os donos da praça. Ainda são pixotes; não são líderes; não são os chefões de enormes empresas; são apenas homens comuns. Não estando ainda de todo comprometidos, ainda lhes resta alguma esperança.

É possível, por conseguinte, que, não obstante na undécima hora, consigamos produzir uma mudança em nós mesmos. É apenas nisto que estamos interessados: provocar essa tremenda revolução interior.

A maioria de nós muda por compulsão, em virtude de alguma influência externa como o medo, punição, recompensa — é só isso que nos faz mudar. Sigam isso, senhores, observem tudo. Nunca mudamos deliberadamente, mas sempre por um motivo e mudar por um motivo não significa mudança alguma. Estarmos conscientes dos motivos, das influências e das compulsões que nos forçam a mudar; estarmos cônscios de todas essas coisas e negá-las todas, isto, sim, é provocar a mudança. São as circunstâncias que nos fazem mudar: é a família, a lei, nossas ambições, nossos temores, tudo isso nos faz mudar. Tal mudança, porém, é uma reação e, por isso, é realmente apenas uma resistência, uma resistência psicológica à compulsão. Essa resistência cria sua própria modificação, sua mudança; sendo assim, não é mudança alguma. Se eu mudo ou se me ajusto à sociedade porque dela espero alguma coisa, isso é mudança? Ou será que só ocorre a mutação quando percebo as coisas que me estão compelindo a mudar e, mais ainda, quando vejo que são falsas? Todas as influências, boas ou más, condicionam a mente, e aceitar apenas esse condicionamento é resistir, interiormente, a qualquer forma de mudança, a qualquer mudança radical.

Vendo, portanto, esta situação, não só neste país mas no mundo todo onde o progresso está acabando com a liberdade, onde a prosperidade está fazendo que a mente fique cada vez mais presa às coisas e, assim, cada vez menos livre, onde as organizações religiosas estão empregando cada vez mais a fórmula da crença que leva o homem a crer em deus ou descrer dele; vendo que a mente está ficando cada vez mais mecanizada e observando ainda que os cérebros eletrônicos e a moderna tecnologia estão proporcionando ao homem muito mais lazer (não ainda em toda parte, mas assim vai ser); vendo tudo isso, temos de descobrir o que é a liberdade, o que é a realidade.

A essas questões não pode responder uma mente automatizada. Fundamental e profundamente, em nosso íntimo, temos de fazer as perguntas a nós mesmos e por nós mesmos encontrar as respostas, se é que elas existem — isso significa, de fato, duvidar da autoridade. Certamente que essa é uma das coisas mais difíceis de fazer. Jamais olhamos a sociedade como o inimigo. Olhamos a sociedade como algo com que temos de viver; submetemo-nos e ajustamo-nos a ela; nunca pensamos que ela é realmente o inimigo do homem, o inimigo da liberdade, o inimigo da integridade. Pensem nisso; olhem para isso. O ambiente, que é a sociedade, está destruindo a liberdade. Ela não quer que o homem seja livre; ela quer é santos e reformadores que modifiquem, apóiem e defendam as instituições sociais. Religião, no entanto, é algo inteiramente diferente. O homem religioso é inimigo da sociedade. O homem religioso não é o que vai à igreja, ao templo, que lê o Gita, que pratica puja diariamente; este, de fato, não é um homem religioso. O homem verdadeiramente religioso já está livre de toda ambição, inveja, mesquinharia, medo e, por isso, tem uma mente jovem, sã, nova para investigar e descobrir o que se acha além de todas as coisas que o homem inventou e a que chama religião. Tudo isso, porém, requer muita auto-investigação, exame interior, autoconhecimento. Sem essa base, não podem ir muito longe.

Eis por que é necessária uma mutação na mente, uma revolução completa; não uma simples mudança, uma modificação, mas uma total mutação. O problema é como provocá-la. Vemos que ela é necessária. Todo homem que tenha pensado sobre tudo isso, que tenha observado a situação do mundo, sensível ao que está acontecendo dentro de si e fora de si, deve exigir essa mutação. Mas como podemos produzi-la?

Antes de tudo, haverá um *como*, isto é, um método, um sistema, um meio, uma prática? Se houver um método ou sistema, se praticarem algo para provocar essa mutação, a mente se tornará escrava desse sistema, será moldada por tal sistema, por esse método, por essa prática e, desse modo, jamais será livre. É como dizer: "Vou disciplinar-me para ser livre." Liberdade e disciplina não se casam, o que não significa que devem tornar-se indisciplinados. O ato de "buscar a liberdade" cria a sua própria disciplina. Mas a mente que se disciplinou de acordo com um sistema, uma fórmula, uma crença e idéias — essa mente jamais será livre. Inicialmente, por conseguinte, devemos ver que o *como*, que implica prática, disciplina, seguir uma fórmula, impede que ocorra a mutação. Essa é a primeira coisa que precisamos considerar pois a prática, o método ou o sistema torna-se a autoridade que nega a liberdade e, por isso, a mutação. Temos realmente que ver esse fato, ver a verdade disso. Esse *ver*, porém, não é intelectual nem verbal; é estar em contato emocional com o fato. Quando vemos uma cobra, estamos em contato emocional com o fato; não há problema sobre isso; trata-se de um desafio direto e de uma resposta direta. Da mesma forma, temos de ver que qualquer sistema, ainda que bem imaginado (não importa por quem), destrói profundamente a liberdade, impede a criação pois o sistema implica um lucro, um ganho, o chegar a algum lugar, uma recompensa e isso nega totalmente a liberdade. É por isso que querem seguir alguém — procuram um meio de ganhar algo, podendo esse meio ser uma disciplina.

Mas devemos ver esse fato de que a mente tem de estar totalmente livre (se tal é possível já é uma outra questão), que deve haver liberdade. Do contrário, ficarão apenas mecanizados como qualquer máquina fotográfica. Precisamos ver com muita clareza que a liberdade é essencial. Só quando há liberdade é que podem descobrir se há, ou não, deus ou algo imensurável, além da medida do homem. Só quando há liberdade é que podem começar a discutir todo o sistema, toda autoridade, toda a estrutura social. E a crise atual requer uma mente assim. Sem sombra de dúvida que só essa mente pode descobrir a verdade. Só essa mente pode descobrir se há, ou não há, algo além do tempo, além de tudo que o homem já pensou.

Tudo isso exige uma imensa energia e a essência da energia é a negação do conflito. Uma mente que se perde no conflito não tem energia alguma, trate-se do conflito interior ou do conflito exterior, com o mundo. Tudo isso demanda profunda investigação e entendimento. E espero que possamos fazer isso; estar atentos ao fato e examiná-lo até o fim para ver se a mente, nossa mente, sua mente pode, de fato, ser livre.

Nova Déli, 14 de Fevereiro de 1962

Precisamos ter liberdade — não liberdade verbal; não mera liberdade política nem simplesmente estar livre das organizações religiosas. Creio que muitas pessoas conscientes da situação mundial já abandonaram essas formas institucionalizadas de vida. Embora isso tenha tido um efeito superficial em nossas existências, bem no fundo o efeito foi muito pequeno. Se quisermos descobrir o que é liberdade, temos de questionar tudo, todas as instituições — a família, a religião, o casamento, a tradição, os valores que a sociedade nos impôs, a educação, toda a estrutura da organização social e moral. Só que *nós* não questionamos para descobrir a verdade e, sim, para achar uma saída; por esse motivo, nunca estamos psicologicamente livres. Temos mais interesse na oposição do que na liberdade. Acho importante compreender isso.

Saanen, 31 de Julho de 1962

No outro dia, falávamos sobre a ação livre de idéia uma vez que, conforme dissemos, o pensamento é uma resposta da memória; o pensamento é sempre limitado, condicionado pelo passado e, por isso, jamais levará à liberdade.

Acho muito importante compreender esse fato. Se não compreendermos, por inteiro, o processo de autodefesa do pensamento, não poderá haver liberdade psicológica. E liberdade (que não é uma reação à não-liberdade nem o oposto disso) é essencial, pois só em liberdade podemos descobrir. Só quando a mente está de todo livre é que pode perceber o verdadeiro.

A verdade não é uma coisa contínua que se possa manter mediante prática ou disciplina, mas algo que se percebe num lampejo. A percepção da verdade não surge através de qualquer forma do pensamento condicionado, razão pela qual o pensamento não pode imaginar, conceber nem formular o que seja a verdade.

Para se entender, plenamente, o que é a verdade, tem de haver liberdade. Para a maioria de nós, liberdade é apenas uma palavra, uma reação ou uma idéia que serve de fuga à nossa escravidão, ao nosso sofrimento, à rotina entediante do dia-a-dia; mas isso, absolutamente, não é liberdade. A liberdade não vem através da busca porque não podemos buscar a liberdade e tampouco procurá-la. A liberdade só vem quando compreendemos todo o processo da mente que cria suas próprias barreiras, limitações e projeções a partir de uma base de experiência condicionada e condicionante.

Para uma mente de fato religiosa, é importantíssimo compreender aquilo que transcende a palavra, que transcende o pensamento e toda experiência. E, para compreender isso, para estar com o que se acha além de toda experiência, para perceber isso profundamente e num lampejo, a mente deve estar livre. Idéia, conceito, padrão, opinião, julgamento ou qualquer disciplina organizada impedem a liberdade da mente. Essa liberdade traz a sua própria disciplina — não a disciplina da submissão, da repressão ou do ajustamento, mas a disciplina que não é produto do pensamento, que não tem motivo.

Seguramente que, num mundo confuso, com tanto conflito e miséria, é mais do que urgente entender que a liberdade é o primeiro requisito da mente humana — não o conforto nem o fugaz momento de prazer nem a continuidade desse prazer, mas uma liberdade total, que é a única origem da felicidade. A felicidade não é um fim em si mesma; como a virtude, é um subproduto da liberdade. Uma pessoa livre é virtuosa; mas o homem que pratica a virtude, submetendo-se a um padrão estabelecido pela sociedade, jamais saberá o que é liberdade e, por isso, jamais será virtuoso.

Gostaria de falar sobre a natureza da liberdade e ver se podemos, juntos, encontrar tateando o caminho para ela; mas não sei como escutam o que estamos dizendo. Escutam apenas as palavras? Escutam para compreender, para experimentar? Se escutam em qualquer desses dois sentidos, nesse caso muito pouco valor terá o que se está dizendo. O importante é escutar, não as palavras nem com a esperança de experimentar essa coisa extraordinária que é a liberdade, mas escutar sem esforço, sem luta, serenamente. Isso, contudo, exige atenção. Por atenção, quero dizer estarmos totalmente empenhados nisso, com a mente e o coração. Se ouvirem desse jeito, descobrirão por si próprios que não podemos ir em busca de tal liberdade, que ela não provém do pensamento nem de exigências emocionais ou histéricas. A liberdade surge, sem que precisem procurá-la, quando há total atenção. Atenção total é o estado da mente que não tem limites nem fronteiras e que, portanto, é capaz de captar cada impressão, de ver e ouvir tudo. E isso podemos fazer; não é coisa tão difícil assim. Torna-se difícil unicamente porque estamos presos a hábitos e isso é uma das coisas de que gostaria de falar.

❖

Cremos poder escapar da inveja gradualmente e fazemos esforço para nos livrar dela aos poucos e, assim, acabamos introduzindo a idéia de tempo. Dizemos: "Tentarei livrar-me da inveja amanhã ou um pouco mais adiante"; entrementes, porém, continuamos invejosos. As expressões *tentar* e *entrementes* são a própria essência do tempo e, quando introduzem o fator tempo, não conseguem libertar-se do hábito. Ou rompem com o hábito de uma vez por todas, ou ele continua, embotando a mente e criando novos hábitos.

Mas será possível a mente livrar-se, por completo, dessa idéia de atingir alguma coisa gradualmente, gradualmente transcender algo, ficar livre gradualmente? Para mim, liberdade não é uma questão de tempo — não existe nenhum amanhã no qual se possa ficar livre da inveja ou adquirir uma virtude. E, não havendo amanhã, não há medo. Só existe o pleno viver no agora; o tempo cessou de todo e, desse modo, acaba a formação de hábitos. Com a palavra *agora*, refiro-me ao que é instantâneo, que não é reação ao passado nem uma forma de evitar o futuro. Há tão-somente um momento de atenção total; toda atenção, nesse momento, está aqui, no agora. Certamente que toda existência está no agora; quer sintam uma enorme alegria, quer experimentem profundo sofrimento, ou seja o que for, só no presente é que isso acontece. Através da memória, no entanto, a mente acumula a experiência do passado e a projeta no futuro.

Se não estivermos livres do passado, não haverá liberdade pois a mente nunca é nova, fresca, inocente. Só a mente fresca e inocente é livre. Liberdade nada tem que ver com idade, com experiência. A mim me parece que a essência mesma da liberdade está no compreender o mecanismo do hábito, tanto o consciente quanto o inconsciente. Não é uma questão de pôr fim ao hábito, mas de ver toda a estrutura do hábito. Temos de observar como se formam os hábitos e como, por rejeitar um hábito ou resistir a ele, criamos outro hábito. O que importa é estarem inteiramente cônscios do hábito; nesse momento é que poderão ver, por si mesmos, que findou o processo de formação de hábitos. Resistir ao hábito, lutar contra ele ou rejeitá-lo só dá continuidade ao hábito. Quando lutam contra o hábito, dão vida a ele e, então, a própria luta se torna outro hábito. Se estiverem, no entanto, apenas atentos à estrutura do hábito como um todo, sem resistência, descobrirão estarem livres do hábito e, nessa liberdade, ocorre algo novo.

Saanen, 11 de Julho de 1963

Embora falemos da liberdade, a maioria de nós não quer, absolutamente, ser livre. Não sei se já observaram esse fato. No mundo moderno, em que a sociedade se acha tão altamente organizada, em que há um "progresso" cada vez maior, em que a produção de coisas é tão grande e fácil, acabamos escravos da posse das coisas e nelas encontramos segurança. E segurança é tudo que queremos, segurança física e emocional; por conseguinte, realmente não queremos ser livres. Por liberdade, quero dizer liberdade total, e não estarmos apenas livres de alguma coisa em particular. Acho que devemos exigir isso de nós mesmos e insistir nisso.

Liberdade é coisa diferente de revolta. A revolta se manifesta contra algo, isto é, revoltamo-nos contra alguma coisa, sendo a favor de outra. Revolta é uma reação; liberdade, não. Na liberdade, não estamos livres de alguma coisa. No momento em que estamos livres de alguma coisa, estamos de fato em revolta contra essa coisa e, por isso, não estamos livres. Liberdade não é "estar livre de algo"; é a própria mente livre. É um sentimento extraordinário esse de a mente estar livre em si mesma, conhecer a liberdade pela liberdade.

A menos que sejamos livres, não vejo como possamos ser criadores. Não emprego a palavra *criador* no sentido restrito de pintar um quadro, escrever um poema ou inventar uma máquina. Para mim, tais pessoas não são absolutamente criadoras. Pode ser que, em dado momento, fiquem inspiradas, mas criação é coisa completamente diferente. Só pode haver criação quando há liberdade total. Nesse estado de liberdade, há plenitude e, nesse caso, escrever um poema, pintar um quadro ou esculpir na pedra encerra um significado de todo diferente. Não é, então, simples auto-expressão nem o resultado de frustração nem mais a busca de um mercado; é algo inteiramente diverso. Parece-me que deveríamos procurar conhecer essa liberdade total, não apenas interiormente mas exteriormente também.

Assim, acho que, em primeiro lugar, devemos ver a diferença entre a liberdade, de um lado, e, do outro, a revolta ou revolução. Revolta ou revolução são basicamente reações. Há a revolta da extrema esquerda contra o capitalismo e a revolta contra o domínio da igreja. Há também a revolta contra o estado policial, contra o poder da ditadura embora, hoje em dia, não valha a pena fazer isso porque, na surdina, eles os liquidam, os descartam.

Para mim, liberdade é uma coisa completamente diferente. Liberdade não é reação, mas o estado mental que surge quando entendemos a reação. Reação é a resposta a um desafio; é prazer, cólera, medo, sofrimento psicológico e, ao compreendermos a complexíssima estrutura da resposta, deparamos a liberdade. Aí, descobrirão que liberdade não é estar livre da cólera, da autoridade e assim por diante. É um estado *per se* que têm de experimentar em si mesmos, e não porque estejam contra alguma coisa.

A maioria de nós está interessada na própria segurança. Queremos uma companhia e esperamos encontrar a felicidade numa relação determinada; queremos ser famosos, criar, expressar-nos, expandir-nos, preencher-nos; queremos poder, posição e prestígio. De certo modo, é realmente nisso que muitos de nós estão interessados e liberdade, deus, verdade, amor tornaram-se coisas que devemos procurar depois. Portanto, como disse, nossa religião é uma coisa muito superficial, uma espécie de passatempo que não é muito importante em nossas vidas. Estamos satisfeitos com o que é vulgar e, por isso, não há aquele estado de vigilância, aquela percepção necessária para compreender o complexo problema a que chamamos viver. Nossa existência é uma luta constante, uma tola e infindável luta — e para quê? É uma gaiola em que estamos presos, uma gaiola que construímos com nossas próprias reações, com nossos temores, desesperanças e ansiedades. Todo nosso pensamento é reação. Nós examinamos isso no outro dia quando surgiu a pergunta: "Qual é, exatamente, a função do pensamento?" Investigamos isso com muito cuidado e descobrimos que todo nosso pensamento é reação, uma resposta da memória. A estrutura de nossa consciência, do nosso pensamento é o resíduo, o reservatório de nossas reações. É evidente que o pensamento nunca pode levar à liberdade pois liberdade não é resultado de reação. Liberdade não é rejeitar o que nos provoca sofrimento nem é o desapego das coisas que nos proporcionam prazer e das quais nos tornamos escravos.

❖

Mas a única liberdade real é a libertação do conhecido. Por favor, observem isso um pouco mais: é a libertação do passado. É óbvio que o conhecido tem o seu lugar. Tenho de conhecer certas coisas a fim de viver no dia-a-dia. Se eu não soubesse onde moro, estaria perdido. E há também o conhecimento acumulado da ciência, da medicina e de muitas tecnologias, conhecimento que está sendo continuamente aumentado. Tudo isso acha-se dentro do campo do conhecido e tem o seu papel. Mas o conhecido é sempre mecânico. Toda experiência que tiveram, quer num passado distante quer ontem apenas, está no campo do conhecimento e é com base nesse banco de experiências que reconhecem toda experiência ulterior. No campo do conhecido, existe apego com seus temores e desespero, e a mente, dentro desse campo, ainda que amplo e vasto, não é livre. Ela pode escrever livros maravilhosos, pode ir à lua, pode inventar as mais complicadas e engenhosas máquinas (se já viram algumas delas, sabem que são realmente extraordinárias), mas ainda está presa no campo do conhecido.

❖

Liberdade de tudo isso é a libertação do conhecido, é o estado da mente que diz: "Não sei" e que não procura nenhuma resposta. Uma mente assim não está buscando nada nem esperando por coisa alguma. Só nesse estado é que podem dizer: "Compreendo". É o único estado em que a mente está livre e é desse estado que podem olhar as coisas conhecidas — e não ao contrário. Do conhecido talvez não possam olhar o desconhecido; mas, uma vez que tenham entendido o estado de liberdade da mente (que é a mente que diz "Não sei" e permanece sem saber, sendo, por isso, inocente) poderão, enfim, em virtude mesmo dessa liberdade, ser cidadãos, casar-se, fazer o que quiserem. Nesse caso, o que fazem tem sentido e significação na vida. Não obstante, continuamos no campo do conhecido com seus conflitos, lutas, disputas, agonia e, partindo desse campo, tentamos descobrir o desconhecido. Assim, não estamos, de fato, buscando a liberdade. Só queremos a continuação e expansão da mesma velha coisa: o conhecido.

❖

Se estiverem ouvindo pela primeira vez essa afirmação de que devem estar libertos do pensamento, talvez digam: "Pobre sujeito, está louco!" Todavia, se realmente ouviram, não apenas desta vez mas durante os muitos anos ao longo dos quais alguns talvez tenham lido tudo sobre isso, saberão que o que estamos dizendo encerra uma extraordinária vitalidade, uma verdade profunda. Só é criadora a mente que se esvaziou do conhecido. Isso é que é criação. O que ela cria nada tem que ver com ele. A libertação do conhecido é o estado da mente que cria. Como pode uma mente que está criando ter interesse por si mesma? Para entender, por conseguinte, esse estado da mente, terão de se conhecer a si mesmos, terão de observar o processo do seu próprio pensamento — mas observá-lo, e não procurar alterá-lo nem mudá-lo; apenas observá-lo como se olham a si próprios num espelho. Quando há liberdade, podem utilizar o conhecimento sem destruir a humanidade. Mas, quando não há liberdade e usam o conhecimento, levam miséria para todo mundo — na Rússia, na América, na China ou em qualquer outro lugar. Considero séria a mente que está cônscia do conflito do conhecido e não está presa nele nem tentando modificar ou melhorar o conhecido pois, nesse caminho, não há fim para o sofrimento e a miséria.

Madras, 15 de Janeiro de 1964

Liberdade, ser livre, está ficando cada vez mais difícil. À medida que a sociedade se torna mais complexa e a indústria mais se desenvolve e fica mais poderosa e organizada, há cada vez menos liberdade para o homem. Como podemos observar, quando o Estado se torna todo-poderoso e há bem-estar social, a proteção que o Estado dá aos cidadãos é tão grande, que resta cada vez menos liberdade exterior. E, exteriormente, acabamos escravos da sociedade, da opressão social. Sob essa pressão da existência organizada, já não há mais vida tribal; apenas controle pela industrialização, pela organização e pela centralização. Exteriormente há cada vez menos liberdade. Onde há progresso há menos liberdade. Isso é evidente como podem observar em toda sociedade que vai ficando mais complexa, mais organizada.

Assim, sob a pressão do mundo exterior, a mente do indivíduo vai sendo controlada e moldada pela tecnologia e pela industrialização. Presa, desse modo, ao mundo exterior, tem ela, cada vez mais, a natural tendência de se entrincheirar interiormente, psicologicamente, numa existência padronizada. Isso é um fato óbvio. Portanto, para quem é bastante sério e quer descobrir a realidade, a verdade (não a verdade estabelecida pelo homem que sente medo, que está em desespero; não a verdade como coisa da tradição, um mero instrumento de propaganda), para esse tem de haver completa liberdade. Exteriormente talvez não haja liberdade, mas, interiormente, tem de haver liberdade total.

Compreender essa questão da liberdade é uma das coisas mais difíceis. Não sei se já investigaram tudo isso ou se, pelo menos, pensaram a respeito. Sabem o que significa ser livre? Por liberdade, não me refiro à liberdade ou libertação abstrata, ideal — isso é muito vago, distante; pode não ser real; pode ser uma invenção da mente em desespero, cheia de temor, agoniada e que forjou um objetivo, esperando atingir um estado verbal, e não de fato. Estamos falando da liberdade não-abstrata, mas real; estamos falando da liberdade diária, interior, na qual, psicologicamente, não há servidão em relação a coisa alguma. Será isso possível? Talvez teórica e idealmente seja possível. Mas não estamos interessados em idéias, teorias nem esperanças religiosas baseadas em especulações. Só os fatos nos interessam.

❖

A verdade expressa, descrita ou dita por outro (ainda que sábio e inteligente) não é a verdade. Temos de descobri-la, temos de compreendê-la. Retiro a palavra *descobrir* pois não podemos descobrir a verdade; não podemos, deliberada e conscientemente, procurá-la. Temos de encontrar a verdade no escuro, sem a intenção de encontrá-la. Mas não podemos encontrá-la se a mente, a psique, no seu âmago, não estiver total e completamente livre.

Para descobrirmos qualquer coisa, mesmo no campo científico, a mente deve estar livre. Para vermos algo novo, a mente tem de estar desenredada. Mas a maioria de nossas mentes, por infelicidade, não é fresca, jovem, inocente a fim de ver, observar e entender. Estamos cheios de experiências, não só as experiências que colhemos recentemente (e, com "recentemente", quero dizer nos últimos cinqüenta, sessenta ou cem anos) mas também as imemoriais experiências do ser humano. Estamos confusos com o nosso conhecimento, consciente ou inconsciente, sendo o conhecimento consciente aquele que adquirimos através da educação no mundo moderno, no mundo atual.

❖

Desse modo, a mente que quiser compreender o que é verdadeiro tem de compreender, não idealmente, toda a significação da liberdade. Liberdade não é a libertação num mundo celestial, mas a liberdade diária, estar isento do ciúme, do apego, da ambição, da competição — que significa "Mais", "Devo ser melhor", "Sou isso e devo tornar-me aquilo". Quando observam, no entanto, o que são, não há vir a ser o que não são; ocorre, então, uma transformação imediata do que é.

A mente que quer ir muito longe tem de começar bem perto. Mas não podem ir muito longe se apenas verbalizam sobre aquilo que o homem inventou como verdade ou deus. Temos de começar muito perto e lançar a base. E, até para lançar essa base, é preciso que haja liberdade. Em liberdade, portanto, é que lançaremos nossa base sobre a liberdade. Conseqüentemente, já não é mais uma base; é um movimento — não uma coisa estática.

Só quando a mente entende a extraordinária natureza do conhecimento, da liberdade e do aprender é que cessa o conflito; só então a mente se torna muito clara e precisa. Já não está mais envolvida em opiniões e julgamentos; está num estado de atenção, num estado de energia total e de aprender. Só quando tranqüila é que a mente pode aprender — mas não no sentido de "aprender algo". Só a mente tranqüila é que pode aprender e o importante não é aquilo que ela aprende, mas o próprio estado de aprender, o silêncio dentro do qual ela aprende.

Bombaim, 16 de Fevereiro de 1964

A palavra *liberdade* já está muito carregada; tem sentido político, religioso, social e outros mais. É uma palavra realmente extraordinária; encerra enorme e profunda significação. Como no caso da palavra *amor*, atribuímos a ela toda espécie de significados. Há liberdade política, liberdade social, liberdade para trabalhar; há liberdade de dogmas religiosos e crenças, estar livre de responsabilidades, problemas, ansiedades e temores. A mente deseja estar livre de muita coisa. Por isso, construímos uma estrutura verbal que nos dá a ilusão de liberdade; mas não sabemos, de fato, o que significa ser livre, sentir isso, não para argumentar, para definir nem perguntar: "O que quer dizer com liberdade?" Não conhecemos a essência da liberdade nem o que é senti-la nem a necessidade que temos dela — não, em determinado nível, mas na totalidade.

Se não há liberdade total, a percepção, a visão objetiva fica distorcida. Só o homem de todo livre é capaz de olhar e entender imediatamente. Liberdade significa, de fato, esvaziar a mente por completo, não é mesmo? Trata-se de eliminar todo o conteúdo da mente — isso é que é liberdade. Liberdade não é simples revolta contra as circunstâncias, o que apenas gera novas circunstâncias, outras influências ambientais que escravizam a mente. Estamos falando de uma liberdade que vem natural e facilmente, sem ser chamada, quando a mente está em condições de funcionar em seu mais alto nível.

Nossos cérebros, em sua grande maioria, são preguiçosos. Tornaram-se mais grosseiros e embotados com a educação, a especialização, o conflito, com toda espécie de luta interior, psicológica, e com toda espécie de compulsão exterior. Nossos cérebros só funcionam quando surge um desafio inesperado ou uma coisa imprevista. Do contrário, vivemos, num estado hipnótico, uma vida monótona, indolente, com nossos empregos e afazeres. Nossos cérebros, por conseguinte, não são aguçados, não estão em alerta, não estão despertos nem são sensíveis, não funcionam com sua mais alta capacidade.

Se o cérebro não funciona com sua mais alta capacidade não pode ser livre. Uma mente insensível, superficial, acanhada, estreita e vulgar só reage ao seu meio e, como conseqüência dessa reação, torna-se escrava dele. Daí vem o problema de nos livrarmos do ambiente e não sermos escravos de nenhuma influência, de nenhum governo nem de qualquer pressão. Desse modo, o que importa é o sentimento de sermos totalmente livres.

Há duas espécies de liberdade: uma é a de estar livre de alguma coisa, o que é uma reação; a outra não é reação, é simplesmente *estar livre*. Estar livre de alguma coisa é uma resposta que depende de nossa escolha, caráter, temperamento, de vários condicionamentos. É como um rapaz em revolta contra a sociedade — ele quer livrar-se; ou um marido querendo ficar livre da esposa ou a esposa, do marido; ou o querer ficar livre da cólera, do ciúme, da inveja ou do desespero. Tudo isso são reações, respostas a circunstâncias, impedindo que se possa agir livre e tranqüilamente.

Queremos liberdade pessoal. E essa liberdade é negada numa sociedade onde são extremamente importantes a moral, os costumes, os hábitos e as tradições; por isso há revolta. Ou, então, é a revolta contra a ditadura. Há, portanto, várias formas de revolta, respostas a súbitas exigências. Isso, com efeito, não é liberdade alguma pois toda reação produz novas reações que criam outras situações às quais acaba a mente outra vez escravizada. Há, desse modo, uma permanente repetição da revolta: estarmos envolvidos pelas circunstâncias, revolta contra as novas circunstâncias e assim indefinidamente.

Estamos falando de uma liberdade que não é reação. A mente livre não se escraviza a nada, a quaisquer circunstâncias, a nenhuma rotina. Embora especializada em certo trabalho num emprego, não é escrava dele, não cria hábito; embora viva em sociedade, não participa dela. Só a mente que está sempre a se esvaziar de toda acumulação, das reações diárias, só essa mente é livre.

Vivemos em ação. É necessário e forçoso agir. Mas a ação pode nascer da idéia ou da liberdade. Vamos examinar uma coisa que exige que tenham um cérebro ágil, penetrante, e não que concordem ou discordem. A casa está em chamas; o mundo está em chamas, está queimando, está sendo destruído e tem de haver ação. Tal ação não depende das idéias que tenham sobre o fogo, do tamanho do balde ou daquilo que vão fazer. Temos de agir para apagar o fogo. Mas, para apagar esse fogo, não podem ter idéias sobre ele — quem incendiou a casa, qual a natureza do fogo e assim por diante, apenas especulando. Tem de haver ação imediata. Significa isso que a mente deve passar por uma total mutação.

O homem já vive, biologicamente, há cerca de dois milhões de anos e acumulou incontáveis experiências, imenso conhecimento e fundou muitas civilizações, sofrendo pressões e tensões sem conta. Saibam disso ou não, são esse homem. Admitam ou não, são esse homem como resultado de dois milhões de anos. Ou continuam evoluindo vagarosa e indefinidamente através da dor, do sofrimento, da ansiedade, de toda espécie de conflito, ou, a qualquer momento, pulam fora dessa corrente como se salta de um barco para a margem do rio. E podem fazer isso a qualquer momento. Mas só a mente livre consegue realizar tal coisa.

❖

Para compreender o que é liberdade e ação, precisamos compreender todo o processo do nosso pensamento, isto é, precisamos conhecer-nos. E essa é uma das mais árduas tarefas que possamos empreender, pois o autoconhecimento exige uma mente capaz de olhar para si mesma sem qualquer conhecimento previamente adquirido. Se olharem para si mesmos com um conhecimento qualquer, nesse caso estarão apenas projetando ou traduzindo o que vêem em conformidade com o passado e, por isso, não estarão vendo a si próprios. Assim, para se olharem a si mesmos, necessitam de uma mente nova a cada minuto. É aí que começa a dificuldade. Compreendam isso, por favor, porque, se não entenderem o que estamos dizendo agora, não lograrão prosseguir e investigar o problema da liberdade que vou examinar.

❖

Se nos observarmos, descobriremos que, geralmente, nós reagimos de acordo com o nosso conhecimento, com nossa experiência, com nosso condicionamento como hindu, budista, cristão, comunista, técnico ou como chefe de família. Esse homem adquiriu um monte de experiências e, com o que acumulou delas, é que reage. É com tal conhecimento que ele olha para si mesmo e diz: "Isso é bom" — "Isso é mau" — "Isso eu conservo" — "Isso eu rejeito". Quando ele assim procede, já não está mais a se olhar; está simplesmente projetando seu conhecimento sobre o que vê e traduzindo ou interpretando o que vê em termos de sua experiência, conhecimento e condicionamento.

❖

Observem-se, por favor. Vejam como suas mentes se tornaram insensíveis. Quando sentem prazer, dor ou uma espontânea alegria com alguma coisa, no momento em que sentem, ocorre uma resposta imediata ao que sentem a qual consiste em dar nome à sensação; prontamente arranjam um nome para ela. Sigam isso, por favor; observem isso em si mesmos. Se não seguirem, nada significará para os senhores o que eu disser, depois, sobre liberdade. Falo de uma mente que não dá nome. Quando experimentam um sentimento, logo lhe dão um nome, passam a referir-se a ele por um nome. O processo mesmo de dar nome é o estado de não-observação. Dão nome ao sentimento para fixá-lo na memória como experiência e, então, no dia seguinte, essa memória, que se automatizou, quer repeti-lo. Assim, quando olham o pôr-do-sol no dia seguinte, já não estão mais olhando aquilo que espontaneamente olharam no primeiro dia. Desse modo, o processo de dar nome a qualquer sentimento, em qualquer observação, impede que olhem.

❖

E o autoconhecimento é a tarefa mais árdua que podem realizar. Podem ir à lua, podem fazer o que quiserem na vida, mas, se não se conhecerem, serão fúteis, obtusos e estúpidos. Embora possam ser primeiro-ministro, engenheiro de primeira classe ou um técnico maravilhoso, estarão agindo apenas maquinalmente. Vejam, portanto, a importância e a seriedade de se conhecerem — não de acordo com o que as pessoas lhes disseram sobre o que são — o eu supremo e o eu inferior. Varram tudo que as pessoas já lhes disseram e observem suas próprias mentes e corações e daí comecem a agir.

❖

Nenhum significado têm os nossos ideais, ainda que sublimes, belos e encantadores, pois criam conflito entre *o que é* e *o que deveria ser*. Importante é *o que é*, não *o que deveria ser*. Compreendam, por favor, este simplíssimo fato psicológico: importante é o que é. São coléricos, violentos, cruéis, ressentidos, sentem antipatias e buscam proteção a todo custo — tudo isso é fato e, não, a não-violência, *ahimsa*, o que é uma grande tolice. Quando observamos o que é sem o ideal (pois o ideal é falta de atenção ao que é, um meio de impedir que vejamos o que é), então, ou dizemos: "Bem, aceito o que é e viverei com isso, sofrerei com isso" — ou agiremos diretamente sobre isso ou isso agirá diretamente sobre nós. Portanto, é necessário serem capazes de observar, de fato, o que é — que sentem raiva, desejos, vontade disso ou daquilo. Sabemos o que os seres humanos são por dentro. Se observarem isso sem dar nome a nada, sem dizer: "Estou irritado e não devo irritar-me"; se apenas observarem tudo isso para saber o que significa e para ver como é profundo e extraordinário o sentimento que está por trás de todas as sutilezas e segredos — se observarem tudo assim, verão que, em virtude dessa observação, há liberdade e que dela nasce uma ação imediata.

A mente inocente tem espaço como uma criança no útero materno. Mas uma mente entulhada e cheia de desespero, temores, alegrias e prazeres — uma mente assim nunca está vazia e, por isso, não conhece o novo, nada de novo surge para ela. Só nesse vazio é que pode ocorrer algo novo, uma mutação. Esse vazio, esse espaço, é liberdade. E, para que haja esse espaço, temos de compreender toda a estrutura do que somos, tanto a consciente quanto a inconsciente.

Liberdade, por conseguinte, não é reação. Liberdade é um estado de ser. Liberdade é um sentimento. Terão de se libertar a si mesmos, terão de se tornar livres, mesmo nas pequenas coisas como no dominar a esposa ou no serem dominados por ela, em suas ambições, ganância, inveja. Se penetrarem tudo isso sem perder tempo em discussões, verão que, independente de análise e de caprichosas exigências introspectivas, o observar e ver as coisas como são, sem autopiedade, sem o desejo de mudar, o simples observar é ter esse espaço.

E, no momento em que há esse espaço no qual a sociedade não toca, nesse estado dá-se uma mutação, ocorre uma mutação. E necessitamos de uma mutação neste mundo porque da mutação nasce o indivíduo. Só o indivíduo é que pode fazer alguma coisa neste mundo; só ele pode realizar uma completa revolução, uma completa mudança, uma completa transformação. É de um indivíduo nascido desse vazio que o mundo atual precisa.

Bombaim, 1º de Março de 1964

Ouçam isto, por favor. Vivemos buscando auxílio porque nos encontramos num estado de miséria, confusão e conflito; por isso queremos ajuda. Queremos que alguém nos diga o que fazer. Queremos uma orientação; queremos que alguém nos tome pela mão e nos leve da escuridão para a luz. Estamos tão confusos, que não sabemos para que lado nos virar. Educação, religião, líderes, santos, tudo isso faliu completamente e, como estamos sofrendo, conflitados e confusos, procuramos quem nos ajude. E provavelmente é por isso que a maioria está aqui, esperando, de alguma forma, conseguir um vislumbre da realidade, esperando, de algum modo, ser conduzida à beatitude da vida.

Agora, se quiserem, bondosamente, ouvir com o ouvido interior, com clareza, perceberão que não há ajuda possível. O orador não pode ajudá-los — e ele se recusa a ajudá-los. Entendam isso, por favor. Vamos com calma. Ele se recusa total e terminantemente a ajudá-los.

O que desejam é manter a corrupção, viver na corrupção e ser protegidos dentro dela. Querem um amparo para viver, comodamente, com suas ambições, costumes, inveja e violência; querem continuar com a mesma existência diária apenas ligeiramente modificada — querem tornar-se mais ricos, viver mais confortavelmente, ser mais felizes. A única coisa que desejam é um emprego melhor, um carro melhor, uma melhor posição. Na verdade, não querem estar completa e inteiramente livres do sofrimento. Não querem descobrir o que é o amor com sua beleza e imensidão. Não querem descobrir o que é criação.

O que realmente desejam é ajuda para continuarem sendo o que são, apenas modificados, neste mundo miserável, com a mesma vida torpe, com a mesma selvageria, com os mesmos conflitos diários. É a única coisa que conhecem, a que se apegam e que querem modificar. E qualquer um que os auxilie a viver assim julgam ser um grande homem, um santo, um maravilhoso salvador.

Desse modo, o orador afirma que não vai ajudá-los. Se esperarem ajuda do orador, estarão perdidos. Ninguém pode ajudá-los de forma alguma — isso é uma coisa terrível que temos de ver por nós mesmos. Cabe-lhes ver o espantoso e aterrador fato de que, como seres humanos, terão de se levantar sobre os próprios pés; não há escrituras, líderes, nada que possa salvá-los. Terão de salvar-se a si próprios. Sabem o que acontece quando percebem esse fato? É apenas um *fato*. Quando percebem, verdadeiramente, esse fato, ou afundam mais na corrupção ou o próprio fato lhes transmite uma enorme energia para romper a rede da estrutura psicológica da sociedade — romper e explodir tudo. Nesse caso, jamais buscarão ajuda porque estão livres.

Um homem livre, um homem que não vive cheio de medo e que tenha uma mente lúcida, forte e enérgica — esse homem não precisa de ajuda. E nós, os senhores e eu, temos de ficar completamente sós, totalmente sós, sem ajuda de ninguém. Já buscaram ajuda política, religiosa com seus gurus, social sob todos os aspectos e todos os traíram. Já houve revoluções — políticas e econômicas, comunismo, revoluções sociais. Mas elas não trazem respostas, não podem ajudá-los pois trarão mais ditadura, mais escravidão.

Só quando exigimos liberdade total e mantemos essa liberdade é que, através de uma ação prática, descobrimos a realidade e essa realidade é que liberta o homem — nada mais. E uma das coisas mais difíceis é perceber que temos de nos levantar sozinhos, por nós mesmos.

Só o homem livre pode cooperar. É o homem livre que diz: "Não vou cooperar". Cooperação, como geralmente se entende, implica cooperação em torno de uma pessoa, de uma idéia, de uma utopia ou em torno da autoridade de uma pessoa ou de uma idéia como a do Estado. Observando essa espécie de cooperação, vemos que não é cooperação alguma; é apenas um benefício mútuo. E, quando muda a autoridade, mudam também para continuar recebendo o mesmo proveito. Não passa isso de um ajuste compulsório.

Falamos de uma cooperação totalmente diferente pois o homem deve cooperar. Não podemos viver sem cooperar. Vida é relação; vida é cooperação. Não podemos viver, os senhores e eu, sem cooperação. Mas, para cooperar, é preciso que haja liberdade. Para cooperarmos, têm de ser livres e tenho de ser livre. Liberdade não significa fazer o que queremos: ser cruéis e ter todas as reações que correspondem a essa palavra. Só o homem livre para amar, que não tem ciúme nem ódio, que nada deseja para si nem para sua família, sua raça ou grupo, só o homem livre, que conhece o pleno significado do amor e da beleza, só ele pode cooperar.

É necessário, portanto, entender essa liberdade. O pensamento não traz liberdade. O pensamento nunca é livre. Ele é apenas uma reação do conhecimento acumulado como memória, como experiência; desse modo, nunca liberta o homem. Tudo que fazemos, no entanto (toda ação, todo motivo, todo impulso), se baseia no pensamento. Temos, pois, de ver, por nós mesmos, o que significa o pensamento, onde é necessário e onde é veneno. Só pode ocorrer a mutação quando a mente se acha de todo vazia de qualquer pensamento. É como o útero: dá-se nele a concepção da criança porque está vazio; por isso ele gera um novo ser. Da mesma forma, a mente precisa estar vazia uma vez que só quando vazia algo novo pode surgir — uma coisa totalmente nova, e não uma coisa que já dure milênios.

A questão, portanto, é esta: como esvaziar a mente? Quando uso a palavra *como* não me refiro a um sistema: "Faça isto e a mente ficará vazia". Não há sistemas nem fórmulas. Cumpre que vejam a verdade de que a mutação é extremamente necessária para a salvação do homem, para os senhores e para mim, para nossa salvação, para nossa liberdade, para estarmos completamente libertos do sofrimento e da agonia do viver.

É imperioso que passem por uma mutação, que tenham uma mente de todo nova, que não seja produto do ambiente, da sociedade, de reação, do conhecimento, da experiência, pois nada disso a torna inocente, nada disso produz a liberdade; nenhuma dessas coisas proporciona essa profunda sensação de espaço na mente. É só nesse espaço que se dá o movimento da mutação. E só essa mutação é que pode salvar o homem porque é ela que cria o indivíduo.

Nós não somos indivíduos. Podem possuir um nome próprio, um corpo separado e, talvez, com alguma sorte, uma conta bancária; mas, no íntimo, psicologicamente, não são indivíduos. Pertencem a uma raça, a uma comunidade, a uma tradição, ao passado e, por esse motivo, deixaram de ser criativos. Deixaram de estar cônscios da imensidade, da vastidão, do sentido profundo e da beleza da vida.

Como não somos indivíduos, não sabemos o que significa amar. Só conhecemos o amor que contém ciúme, ódio, inveja e todo aquele mal que o pensamento pode gerar. Observem, se quiserem, a chamada afeição que sentem; observem-se a si mesmos, observem sua afeição pela esposa, pela família. Não há sequer uma centelha de amor; é um grupo em que há corrupção, apego, dor, ciúme, ambição e domínio. Podem procriar, mas nisso não existe amor; é só prazer. E onde há prazer há dor. O homem que quiser compreender essa coisa chamada *amor* deve compreender, primeiro, o que é ser livre.

E aqui surge a questão do sexo, um grande problema no mundo. Pode ser que estejam fora disso em virtude da idade ou porque se reprimiram — não têm vida sexual porque desejam encontrar deus. Receio que, assim, não encontrarão deus. Deus quer um homem livre, um homem que tenha vivido e sofrido, que seja livre. Desse modo, é forçoso que compreendam essa questão do sexo.

Por favor, escutem o que diz o orador. Pode ser que não cheguem ao fim da jornada, mas escutem. Escutem sem condenar, sem justificar, sem comparar, sem apelar para a memória. Escutem livremente, com jovialidade. Se souberem escutar, saberão quando a mente está vazia. Nada há que se possa fazer para provocar esse vazio. Toda nossa ação provém do passado, do pensamento, do tempo e o tempo não nos vai trazer a liberdade. Mas escutem como se escuta com alegria a voz de um pássaro, apenas o som, cada som separadamente, distinto, cheio de vida, claro. Escutem aquele corvo. Escutem o orador com todo empenho — cada palavra, cada afirmação, sem interpretar nem traduzir. Escutem apenas. Ao escutar assim, terão energia e agirão com inteireza, com integridade.

Nós não ouvimos. Em torno de nós e dentro de nós, há muito barulho, há um grande vozerio, muito discussão, muitas exigências, muito incitação e compulsão. Há tantas coisas e nunca damos total e completa atenção, até o fim, a uma delas sequer. Se gentilmente, porém, se dispuserem a escutar, verão que, não importa o que façam, sobrevirá a mutação, o vazio, a transformação e a percepção da verdade. Nada precisam fazer pois o que fizerem vai interferir, uma vez que são cheios de cobiça, inveja, ódio, ambição e de todo mal que o pensamento pode causar.

Por conseguinte, se puderem escutar com alegria, sem esforço, então, talvez, na tranqüilidade e no silêncio profundo, conheçam a verdade. Só essa verdade é que liberta; nada mais. É por isso que devem permanecer completamente sós. Não podem escutar através de outro; não podem ver com os olhos de outro; não podem pensar com os pensamentos de outro. Mas o fato é que escutam através de outros, vêem através das atividades de outros, através dos santos e das palavras de outros. Desse modo, se lograrem descartar todas as questões secundárias, que são essas atividades alheias, e se escutarem com simplicidade e quietude, haverão de descobrir.

Como sabem, quando olham um pôr-do-sol, um rosto encantador ou uma bela folha ou flor, quando realmente vêem isso, há então um espaço entre os senhores e aquela flor e aquela beleza e aquele encanto ou entre os senhores e a miséria e a sordidez que vêem. Há um espaço que não criaram; ele está lá. Nada podem fazer para tornar esse espaço maior ou menor; ele está lá. Mas recusamo-nos a olhar, simples, calma e persistentemente, através daquele espaço. Através dele, só projetamos nossas opiniões, nossas idéias, nossas conclusões e nossas fórmulas; por isso, não sobra mais espaço algum. O espaço fica tomado pelos dias passados, pelas lembranças, pelas experiências de ontem; por isso, nunca vemos, nunca escutamos, nunca estamos tranqüilos. Desse modo, se lhes aprouver, escutem sem ficarem hipnotizados (o que seria um absurdo, demasiado imaturo), sem aceitarem e sem negarem o que escutam. Estamos falando de suas vidas, e não da minha; estamos lidando com o sofrimento dos senhores, com suas misérias, autoridades, desesperanças, agonias e o tédio da existência.

Como estávamos dizendo, há essa questão do sexo que se tornou tremendamente importante. Por quê? Olhem suas próprias vidas. Por quê? Primeiro, porque não têm nenhum outro tipo de prazer. Estão intelectualmente fechados; desde a infância até a morte, repetem interminavelmente o que outros disseram. Os exames que prestam, a educação que recebem, os conhecimentos tecnológicos que adquirem — tudo isso é repetição e mais repetição. Estão intelectualmente bloqueados. Não ousam pensar com independência. Não são capazes de negar. Só sabem dizer *sim*. São seguidores de alguma coisa; rendem culto à autoridade. Eis por que estão intelectualmente bloqueados; só numa coisa, por conseguinte, são livres e originais: no sexo.

E tampouco, emocionalmente, são livres para se expressar. Aí também estão bloqueados, contidos, reprimidos. Nunca se deleitam com o pôr-do-sol, nunca vêem a árvore nem estão com ela por simples prazer, sentindo toda a beleza da árvore. Emocional e intelectualmente, portanto, estão consumidos, desligados; para os senhores, nada significa a beleza — nada. Se assim não fosse, diferente seria este país. Fizeram um divórcio entre religião e beleza. Jamais se sentarão, ao crepúsculo, olhando, calmamente, as estrelas, a lua e o reflexo do luar sobre as águas. Têm rádio, televisão, livros, cinema — tudo, mas nunca estão sós, consigo mesmos, apreciando o que se acha em derredor. Por conseguinte, emocional e esteticamente, bem lá no fundo, estão inteiramente bloqueados. Só lhes resta, desse modo, uma coisa única, algo de si próprios, original: o sexo.

Quando o sexo se torna a única coisa, ele destrói nossa vida. E isso também acaba repetitivo e conduz a diversas formas de dominação e compulsão, transformando a vida de relação numa agonia. Esse constante prazer também leva à violência, ao embotamento da mente. Nesse caso, não há amor, não há beleza em nossa vida, não há liberdade emocional. Só permanece, pois, uma coisa: o que se chama sexo.

É por isso que não descobrem, por si mesmos, a realidade; as religiões os converteram em seguidores e, não, em investigadores, exploradores, pessoas que queiram descobrir. São pessoas que apenas repetem as coisas indefinidamente — vão à igreja, ao templo, ou negam tudo isso e passam a viver superficialmente. Assim, a religião, de fato, nada significa a não ser que sintam algum temor, estejam doentes ou desejem alguma espécie de conforto.

Escutem, por favor, e não se aborreçam. Essa é a vida que levam. E terão de encarar tudo isso. Por fim, há ainda a criação (não de filhos), a criação que transcende tempo e medida, que faz que todas as coisas sejam novas o tempo todo porque está fora do tempo. No entanto, estamos sempre buscando novas formas de expressão no mundo da arte, no mundo da estética. Novas formas de expressão — eis tudo em que estamos interessados. Não nos interessamos pela criação.

Esses são os muitos problemas que têm pela frente e para os quais terão de encontrar, por si mesmos, a resposta adequada. E essa resposta está na liberdade completa que devem ter, total liberdade da estrutura social, da estrutura psicológica da sociedade que é de medo, cobiça, inveja, ambição, busca de poder e posição, dependência do dinheiro. Temos de nos libertar da corrupção da sociedade. Nada obstante, temos de viver neste mundo com muita vitalidade, vigor e energia. Para isso, terão de trabalhar — trabalhar interiormente, sem piedade, desvencilhando-se de todo entulho e de toda corrupção da sociedade. Quando perceberem que têm de fazer isso inteiramente sós e que ninguém irá ajudá-los, sentirão uma imensa energia. Neste momento, toda sua atenção se voltará para isso e, então, mente e coração estarão extraordinariamente vivos e ativos.

O autoconhecimento é coisa prática; nada tem que ver com crença; se o mantiverem firme, ele funciona e opera dia após dia. É do autoconhecimento que provém a atenção, isto é, o estar consciente dos pássaros, das árvores, da sordidez, da sujeira, da beleza, da cor, de tudo que os rodeia pois o movimento exterior os leva ao movimento interior. Não podem caminhar para o interior sem compreender o movimento exterior. Ambos os movimentos são um só; são um processo único exatamente como a maré que vai e que vem. E, nessa maré, precisam navegar sem esforço. Mas, nessa maré, só podem navegar sem esforço quando observam e escutam tudo que o pensamento diz e tudo que se acha no íntimo do seu próprio ser, quando apenas escutam. Isso não exige análise, introspecção, nada dessas coisas funestas. Basta olhar e escutar, mantendo aquele espaço entre o observador e a coisa observada. Se aquele espaço estiver completamente vazio, já não haverá mais nem observador nem a coisa observada; só haverá movimento.

É desse autoconhecimento que nasce a liberdade que ninguém (nenhum deus, nenhum santo e nenhuma sociedade) lhes pode oferecer. É necessário que tenham essa liberdade; do contrário, as igrejas, com sua crença organizada e seu entretenimento, vão acabar tomando conta e os senhores passarão a viver uma vida maquinal, estúpida e insignificante. É dessa liberdade que se origina aquela condição da mente em que o cérebro se torna ultra-sensível por haver compreendido cada movimento do pensamento, cada onda de sentimento, pois pensamento e sentimento não são coisas separadas; constituem um processo único. Essa compreensão e essa liberdade fazem que a mente se torne jovem, nova e inocente. É justamente desse vazio que advém a mutação e somente ela pode levar o homem à salvação. Só quando a mente, livre do tempo, passa por essa completa e extraordinária mutação (não dentro dos limites da sociedade, mas totalmente fora dela e não por se haverem tornado monges, o que é uma infantilidade); só quando a mente compreende toda a estrutura da sociedade, que são os senhores mesmos, só então é que, desse próprio entendimento, nasce aquela maravilhosa sensação de solidão.

Nesse momento, estão completa e terminantemente sós. É só então, nesse estado de total solidão, que ocorre aquele movimento que é o começo e o fim de todas as coisas. Isso é que é religião; nada mais. Nesse estado, existe amor, compaixão e infinita piedade. Nesse estado, não há sofrimento nem prazer; há tão-somente uma vida cheia de vigor, energia e lucidez.

Saanen, 14 de Julho de 1964

No outro dia, estava dizendo que a liberdade é necessária e, com a palavra *liberdade*, não me refiro à liberdade superficial e fragmentária de certos níveis de nossa consciência. Falava sobre o estarmos totalmente livres — livres na própria raiz de nossa mente, em todas as nossas atividades, física, psicológica e parapsicológica. Liberdade implica total ausência de problemas, não é isso? Quando a mente está livre, ela pode observar e agir com total lucidez; pode ser o que é sem qualquer sentido de contradição. Para mim, uma vida cheia de problemas (econômicos ou sociais, particulares ou públicos), uma vida assim destrói e perverte a lucidez. E precisamos de lucidez. Precisamos de uma mente que veja, com clareza, todo problema à medida que surja, uma mente que possa pensar sem confusão, livre de condicionamentos, uma mente que sinta afeto, amor — o que nada tem que ver com emocionalismo nem sentimentalismo.

Para estarmos nesse estado de liberdade (coisa extremamente difícil de compreender e que requer muita investigação), precisamos de uma mente calma e tranqüila, uma mente que funcione em sua totalidade, não apenas na periferia mas também no centro. Essa liberdade não é uma abstração nem um ideal. O movimento da mente em liberdade é real. Ideais e abstrações nada têm que ver com isso. Essa liberdade surge natural e espontaneamente (sem qualquer espécie de coerção, disciplina, controle ou persuasão) quando compreendemos, do princípio ao fim, todo o processo dos problemas.

A mente que tem um problema, algo que realmente perturba, e que dele escapou ainda está danificada e encarcerada; não está livre. Para a mente que não soluciona cada problema à medida que surge, em qualquer nível que seja (físico ou psicológico, emocional), para essa mente não pode haver liberdade nem lucidez no pensamento, na perspectiva nem na percepção.

A maioria dos seres humanos tem problemas. Ao falar em problema, refiro-me à prolongada perturbação decorrente de nossas inadequadas respostas aos desafios, seja porque somos incapazes de enfrentar situações com todo o nosso ser, seja por falta de sensibilidade que dá como resultado nossa habitual tendência a aceitar os problemas e suportá-los. O problema nasce quando deixamos de encarar uma situação e de ir até o fim — não amanhã nem num futuro qualquer, mas no momento mesmo em que ela ocorre, a cada minuto, a cada hora, a cada dia.

Em qualquer nível, consciente ou inconsciente, o problema é um fator que destrói a liberdade. Problema é aquilo que não compreendemos completamente. Nosso problema pode ser uma dor, um desconforto físico, a morte de alguém ou a falta de dinheiro; pode ser a incapacidade de descobrir, por nós mesmos, se deus é uma realidade ou mera palavra sem substância. E há o problema das relações, pessoais ou públicas, individuais ou coletivas. Quando não compreendemos as relações humanas como um todo, geramos problemas e a maioria de nós tem tais problemas que produzem doenças psicossomáticas e mutilam nossas mentes e corações. Sobrecarregados com esses problemas, voltamo-nos para várias formas de fuga: rendemos culto ao Estado, aceitamos uma autoridade, procuramos alguém que solucione nossos problemas, mergulhamos numa inútil repetição de orações e rituais, bebemos, entregamo-nos ao sexo, ao ódio, à autopiedade e assim por diante.

Dessa maneira, cultivamos, cuidadosamente, uma rede de fugas (racionais ou irracionais, neuróticas ou intelectuais) que nos ajudam a aceitar e, portanto, a suportar todos os problemas humanos que surgem. Inevitavelmente, porém, esses problemas só criam confusão e a mente, assim, nunca está livre.

❖

Foi por isso que eu disse, desde o começo, que a liberdade é necessária. Até Karl Marx (o deus do comunismo) escreveu que os seres humanos precisam de liberdade. Liberdade, para mim, é coisa sumamente necessária (liberdade no começo, no meio e no fim) e negamos tal liberdade quando carregamos o problema para o dia seguinte. Significa isso que tenho de descobrir não só como surge o problema mas também como liquidá-lo completamente, cirurgicamente, de modo que ele não se repita nem eu o carregue comigo para pensar depois sobre ele e encontrar a resposta amanhã. Se carrego o problema para o dia seguinte, estou preparando o solo para que ele se enraíze e, nesse caso, a solução que dou para o problema cria outro problema. Assim, tenho de agir drástica e imediatamente para que o problema acabe em definitivo.

❖

Para mim, como disse, liberdade é a coisa mais importante. Talvez, porém, não possamos compreender a liberdade sem inteligência e inteligência só desponta quando entendemos, totalmente, por nós mesmos, a causa dos problemas. A mente precisa estar alerta, atenta e ser extremamente sensível para resolver todo o problema no momento em que ele surge. Do contrário, não haverá verdadeira liberdade já que a liberdade fragmentada e periférica não tem valor algum. É como um homem rico declarar que é livre. Deus meu! Ele é escravo da bebida, do sexo, do conforto, de uma porção de coisas. E o homem pobre que diz: "Sou livre porque não tenho dinheiro" — esse homem tem outros problemas. Ser livre, portanto, e manter a liberdade não é uma coisa abstrata; deve ser nossa única exigência como seres humanos pois só quando há liberdade é que podemos amar. Como podem amar sendo ambiciosos, ávidos e competitivos?

Varanasi, 26 de Novembro de 1964

Só conhecemos o espaço quando há o observador, o centro, e o objeto que cria o espaço. Uma peça de mobiliário cria espaço em torno dela; assim também uma parede, uma casa. Este é o único espaço que conhecem: o espaço que o senhor observa com seus olhos ao contemplar a lua e as estrelas.

Assim, vamos investigar o problema do espaço sem o objeto. Só nesse espaço há liberdade; esse espaço sem objeto é liberdade. E, examinando espaço e liberdade, vamos descobrir, por nós mesmos, o que é o amor pois, sem amor, não há liberdade. Amor não é sentimentalismo, não é emocionalismo. Amor não é um estado emocional nem devoção.

Desse modo, vamos descobrir por nós mesmos. E, para descobrir, temos de criar espaço na mente. Devemos esvaziar a mente, é claro, para que haja espaço — não o espaço numa limitada parte do pensamento, mas espaço ilimitado e espaço interior (se é que podemos dividi-lo assim), o que significa espaço na mente e no coração; do contrário, não há amor, não há liberdade. E, sem amor nem liberdade, o homem está condenado à destruição. Podem viver com muito conforto no décimo quinto andar de um edifício ou, miseravelmente, numa sórdida favela, mas estarão condenados, a menos que haja esse extraordinário e ilimitado espaço na mente e no coração, dentro de todo o seu ser.

Madras, 16 de Dezembro de 1964

Vamos, portanto, indagar a nós mesmos se é possível para a mente humana, que se acha tão amarrada, que é o resultado de dois milhões de anos de tempo, espaço e distância, que é o produto de tantas formas de pressão — se é possível para essa mente promover uma mutação fora do tempo, ou seja, instantânea. E, para investigar tal questão, necessitamos de liberdade: não podemos indagar se estivermos tolhidos. É imperioso que tenham uma mente livre, uma mente que não sinta medo, que não tenha qualquer crença, uma mente que não projete seus condicionamentos, esperanças e anseios.

Somente através da investigação é que vamos descobrir e, para investigar, precisamos de liberdade. A maioria de nós perdeu (e, provavelmente até, nunca teve) essa energia para investigar. Talvez que preferíssemos aceitar e seguir a velha senda; mas não sabemos investigar. Em seu laboratório, o cientista pesquisa. Ele busca, olha, indaga, questiona, duvida, mas, fora do laboratório, ele é como outro qualquer; ele pára de indagar! Assim, para nos investigarmos a nós mesmos, precisamos não somente de liberdade mas também de um enorme senso de percepção, de visão.

Como sabem, é relativamente fácil ir à lua e mais além como foi provado. Mas é assombrosamente difícil penetrar em nosso interior. E, para penetrar infinitamente, a primeira condição é a liberdade — não o estar livre de alguma coisa, mas um estado de liberdade sem motivo nem revolta. Quando a liberdade provém de uma revolta, é apenas uma reação a uma condição existente; é a revolta contra alguma coisa e, por isso, não é liberdade. Eu posso revoltar-me contra a atual sociedade. Talvez ela seja estúpida, corrupta, absurda, ineficaz; eu posso revoltar-me, mas essa revolta é mera reação — como o comunismo é uma reação ao capitalismo. Essa revolta, portanto, só muda minha posição dentro do mesmo padrão. Mas não estamos falando de revolta, que é uma reação; estamos falando de liberdade, que não é simplesmente estar livre de alguma coisa.

Não sei se, alguma vez, já perceberam a natureza da liberdade (sem conjecturas nem raciocínio), quando repentinamente sentem que não carregam nenhum fardo, nenhum problema e a mente se acha muitíssimo viva e todo do corpo (coração, nervos, tudo) vibra intensa e fortemente. Essa liberdade é que é necessária. Só a mente livre pode investigar de fato, e não a mente que diz: "Acredito e vou investigar"; não a mente cheia de medo do que vai acontecer com ela na investigação e que, por isso, pára de investigar.

Essa investigação requer uma mente sã, saudável, sem qualquer influência de opiniões, próprias ou alheias, de modo que seja capaz de ver, com muita clareza, a cada minuto, tudo que se move e flui. A vida é um momento nas relações e esse movimento é ação. E, a menos que haja liberdade, a mera revolta nada absolutamente significa. Um homem religioso nunca se encontra em revolta. É um homem livre — livre não apenas do nacionalismo, da ambição, da inveja e de tudo mais; é simplesmente livre.

Para investigar, precisamos compreender o que significa ter medo pois a mente que vive temerosa, em qualquer nível, é, com certeza, incapaz de se mover com presteza. Como sabem, a tradição e o peso da autoridade, especialmente na Índia, fazem que as pessoas vivam a se vangloriar dos sete mil anos de cultura e se sintam muito orgulhosas dela. E essas pessoas que falam sem parar de tal cultura provavelmente nada têm para dizer e exatamente por isso é que tanto falam. A mente que está tolhida pelo peso da tradição e da autoridade não é uma mente livre. Temos de transcender a civilização e a cultura. Só essa mente pode investigar e descobrir a verdade

— não a outra. A mente tradicional pode falar, indefinidamente, sobre a verdade e ter teorias a respeito dela, mas, para descobrir, precisamos de uma mente livre de toda autoridade e, portanto, de todo temor.

Saanen, 18 de Julho de 1965

Temos falado sobre a necessidade de uma fundamental e radical revolução interior. Não nos referimos a uma revolução interior no indivíduo (como um meio de salvar sua almazinha), mas uma revolução interior no ser humano ligado que está a todos os outros seres humanos. Na superfície da consciência, podemos separar-nos em pequenas e tolas individualidades, mas, bem no fundo, inconscientemente, somos produto da herança da experiência humana de todos os tempos. E mudanças superficiais, no nível econômico ou social, embora tendentes a oferecer um pouco mais de conforto e comodidade, não geram uma nova sociedade. Estamos interessados não apenas na transformação total da natureza do ser humano mas em criar também uma sociedade diferente, uma boa sociedade, e só pode existir uma boa sociedade se bons forem os seres humanos. Bons seres humanos não nascem na prisão. A bondade floresce na liberdade; não na ditadura, nos sistemas de um só partido, policial ou religioso.

A sociedade considera a liberdade como um perigo para ela pois o indivíduo livre realiza o seu próprio empreendimento. Com sua habilidade e astúcia, o indivíduo domina outros menos empreendedores e, assim, geralmente, vem o sentimento, a idéia e o juízo de que a liberdade é contra a boa sociedade. Desse modo, as ditaduras políticas procuram controlar a mente humana tanto religiosa quanto econômica e socialmente; punem o homem tentando impedir que ele pense em liberdade. Nas chamadas sociedades democráticas, obviamente, há maior liberdade; do contrário, não estaríamos sentados aqui discutindo essa questão. Em alguns países, não permitiriam isso. Mas as democracias também negam a liberdade quando ela toma a forma de uma revolta. Não é de revolta no sentido político, porém, que estamos tratando. Falamos, sim, do total florescimento da bondade humana, a única coisa que pode produzir uma sociedade criadora.

Essa bondade do ser humano só pode florescer em liberdade, na total liberdade, e, para compreender a questão da liberdade, temos de penetrar nela não apenas no sentido da ordem social mas também no da relação do indivíduo com a sociedade. A sociedade sobrevive enquanto mantém uma aparência de ordem. Se observarmos a sociedade em que vivemos, seja ela da esquerda, seja da direita ou seja do centro, vemos que ela necessita de ordem, uma forma de relação social em que um indivíduo não explore os outros desenfreadamente. Mas a própria estrutura da sociedade, sua básica estrutura psicológica, nega essa ordem. Embora possam afirmar outra coisa, a sociedade, tal qual a conhecemos, está baseada na competição, na inveja, numa violenta busca de nosso preenchimento e realização; nela não pode haver liberdade real nem, portanto, ordem. A sociedade como é, seja da esquerda, seja da direita, é desordem pois não está interessada numa transformação fundamental da mente humana. Essa transformação ou revolução só pode ocorrer quando há liberdade — e, por liberdade, não quero dizer reação, o estar livre de alguma coisa. Estar livre de alguma coisa é reação e isso não é liberdade.

Se a mente apenas se liberta de uma atitude, de certas idéias ou de certas formas de auto-expressão, nessa liberdade que é reação ela ainda reivindica alguma coisa e, por isso, não existe aí liberdade alguma. Dessa maneira, precisamos ver, com muita clareza, o que pretendemos exprimir com a palavra *liberdade*. Sei que muito já se discutiu, em inúmeros livros, essa questão da liberdade. Ela tem dado origem a filosofias, a idéias e conceitos religiosos e a incontáveis manifestações políticas. Vivendo, contudo, como vivemos, num mundo tão destrutivo, tão cheio de sofrimento, miséria e confusão, sendo levados por nossos próprios problemas, por nossas próprias frustrações e desesperanças, a menos que nós (como seres humanos em profunda relação com outros seres humanos) descubramos, por nós mesmos, o que é liberdade, a bondade não florescerá. Bondade não é meramente uma palavra sentimental; ela encerra uma extraordinária significação e, sem ela, não vejo como podemos agir, e não reagir, já que reação envolve miséria, medo e desespero.

Creio, por conseguinte, ser necessário entender, perfeitamente, o que seja a bondade. A palavra *bondade* não é o fato, não é a coisa e devemos estar muito atentos para não sermos embrulhados pela palavra e por sua definição. Em vez disso, devemos viver ou compreender esse estado de bondade. A bondade só pode florescer e crescer na liberdade. Liberdade não é reação, não é estar livre de alguma coisa nem é resistência ou revolta contra algo. É um estado mental que não podemos compreender se não houver espaço. Liberdade exige espaço.

Há, no mundo, cada vez menos espaço; as cidades estão ficando superpovoadas. A explosão populacional tira o nosso espaço. A maioria de nós vive num pequeno compartimento cercado por inúmeros outros e não sobra mais espaço a menos talvez que vaguemos pelo país, longe das cidades, da fumaça, da sujeira e do barulho. Nesse caso, há alguma liberdade; mas não pode haver liberdade interior se não há espaço interior. E, aqui também, a palavra *espaço* não é o fato. Sugiro, portanto, que não se apeguem a essa palavra e tentem analisá-la ou defini-la. Facilmente podem procurá-la num dicionário e descobrir o que ele diz sobre espaço.

Será que podemos, agora, fazer esta pergunta a nós mesmos — "O que é espaço?" — e ficar assim, sem tentar definir a palavra, sem examiná-la, sem investigá-la, vendo apenas o que significa não-verbalmente? Liberdade e espaço são uma coisa só. Para a maioria de nós, espaço é o vazio em torno de um objeto — em torno de uma cadeira, de um edifício, de uma pessoa ou da mente.

Escutem, por favor, o que se está dizendo, sem concordar nem discordar, pois estamos prestes a penetrar em algo um tanto sutil e difícil de exprimir em palavras; mas precisamos ir adiante se quisermos compreender o que é liberdade.

A maioria de nós só conhece o espaço por causa dos objetos. Há um objeto e, em torno dele, aquilo a que chamamos espaço. Há esta tenda e, dentro dela e em torno dela, há espaço. Ao redor daquela árvore, em torno daquela montanha, há espaço. Só conhecemos o espaço dentro das quatro paredes de uma casa ou fora dela ou em torno de um objeto. Da mesma forma, só conhecemos o espaço interior a partir do centro que olha para ele. Há um centro, a imagem (e tampouco a palavra *imagem* é o fato da imagem) e, em torno desse centro, há espaço; assim, só conhecemos o espaço por causa do objeto que está dentro do espaço.

Mas não haverá espaço sem objeto, sem o centro do qual, como seres humanos, olham? O espaço que conhecemos tem relação com desenho e estrutura; existe na relação de uma estrutura com outra, de um centro com outro. Todavia, se existe espaço apenas por causa do objeto ou porque a mente possui um centro do qual olha para fora, então, esse espaço é limitado; sendo assim, nesse espaço não há liberdade. Estar livre numa prisão não significa liberdade. E tampouco é liberdade estar livre de um problema dentro das quatro paredes de nossas relações, isto é, no limitado espaço de nossa própria imagem, de nossos pensamentos, atividades, idéias e conclusões.

Permitam-me, por favor, sugerir ainda que, através das palavras do orador, observem o limitado espaço que criaram em torno de si próprios como seres humanos em relação com outros, como seres humanos que vivem num mundo de destruição e crueldade, como seres humanos ligados a uma sociedade em particular. Observem o seu próprio espaço e vejam como é limitado. Não me refiro ao tamanho do espaço em que vivem, pequeno ou grande — não é disso que estamos falando. Refiro-me ao espaço interior que cada qual de nós criou em torno de sua própria imagem, em torno de um centro, de uma conclusão. Dessa maneira, o único espaço que conhecem é o espaço que tem um objeto como centro.

Não sei se estou sendo claro. Estou tentando dizer que, enquanto houver um centro em torno do qual haja espaço ou um centro que crie espaço, não haverá liberdade alguma. E, quando não existe liberdade, não há bondade nem o florescimento da bondade. A bondade só floresce quando há espaço — espaço sem imagem nem centro.

Deixem-me colocar isso de outro modo. Como sabem, uma mente boa, saudável e forte necessita de liberdade, não só para si própria como também para os outros. A palavra *liberdade*, porém, tem sido traduzida de várias maneiras, com sentido religioso, econômico e social. Na Índia, traduzem de um jeito e aqui, na Suíça, de outro. Examinemos, portanto, a questão do que é a liberdade para o ser humano. Podemos estar isolados num mosteiro, virar monges errantes ou viver numa fantástica torre de marfim, mas nada disso, com certeza, é liberdade. E tampouco é liberdade identificar-nos com um grupo qualquer, religioso ou ideológico. Por conseguinte, vamos investigar o que é liberdade e como pode haver liberdade em todas as relações.

Mas, para compreender a liberdade nas relações, precisamos penetrar na questão do espaço pois as mentes da maioria de nós são pequenas, acanhadas e insignificantes. Estamos fortemente condicionados — pela religião, pela sociedade em que vivemos, pela nossa educação, pela tecnologia; somos compelidos e forçados a nos ajustar a um padrão e percebemos que não há liberdade nessa área limitada. Todavia, precisamos de liberdade — liberdade total, não de uma meia-liberdade. Viver numa cela de prisão durante vinte e quatro horas por dia e, ocasionalmente, passear pelo pátio da prisão — isso não é liberdade. Como o ser humano que vive na atual sociedade com toda sua confusão, miséria, conflito e tortura, carecemos de liberdade e tal exigência é uma coisa saudável e normal. Assim, vivendo em sociedade (vivendo em relação com a família, com a propriedade, com as idéias), o que significa ser livre? Pode a mente ser livre se ela não tem dentro de si o espaço ilimitado, o espaço que não foi criado por uma idéia de espaço, por uma imagem que, como centro, tem um limitado espaço em torno de si? Certamente que, como seres humanos, temos de descobrir a relação que existe entre liberdade e espaço. O que é espaço? Haverá espaço sem o centro, sem o objeto que cria o espaço?

Estão seguindo tudo isso? É muito importante descobrir, por si mesmos, o que é espaço. Se assim não for, não pode haver liberdade, viveremos sempre torturados, estaremos sempre em conflito com os outros, só estaremos em revolta contra a sociedade, o que nada significa. Deixar simplesmente de fumar ou tornar-se um "beatnik", ou sabe lá deus o que mais, não quer dizer nada pois que tudo isso não passa de formas de revolta dentro da prisão.

Queremos descobrir se existe uma liberdade que não seja revolta e que não seja um simples ideal da mente, mas um fato. E, para descobrir isso, temos de investigar, profundamente, a questão do espaço. Uma mente burguesa, da classe média, acanhada e medíocre, ou uma mente aristocrática (que não deixa de ser vulgar também) pode supor-se livre, mas não é, pois que vive dentro dos limites do seu espaço, o exíguo espaço criado pela imagem com a qual funciona. Está claro? Logo, não podem ter ordem sem liberdade nem liberdade sem espaço. Espaço, liberdade e ordem — essas três coisas andam sempre juntas; nunca se separam. Uma sociedade da extrema esquerda espera criar ordem por meio da ditadura, da tirania de uma partido policial, mas ela não pode criar ordem econômica, social ou de qualquer outra espécie uma vez que a ordem depende da liberdade interior do homem — não como um indivíduo que quer salvar sua vulgar e sórdida almazinha, mas como um ser humano que já viveu dois milhões de anos, ou mais, com toda a imensa experiência da espécie humana.

Ordem é virtude e virtude ou bondade não pode florescer em nenhuma sociedade que vive sempre em contradição consigo mesma. Nenhuma influência exterior (ajustamentos econômicos, reformas sociais, progresso tecnológico, viagens a Marte e tudo mais) poderá, talvez, criar ordem. O que produz ordem é investigar a liberdade — não uma investigação intelectual, mas o verdadeiro trabalho de romper nosso condicionamento, nossos limitados preconceitos, nossas estreitas idéias, romper toda a estrutura da sociedade da qual somos partes integrantes. Se não transpusermos tudo isso, não haverá liberdade e, portanto, não haverá ordem. É como uma mente fútil tentando compreender a imensidão do mundo, da vida e da beleza. Pode imaginar, pode escrever poemas sobre isso, pintar quadros, mas a realidade nada tem que ver com a palavra, com a imagem, com o símbolo, com a pintura. A ordem só pode nascer da consciência da desordem. Não podem criar ordem — vejam, por favor, este fato. Só podem ficar cônscios da desordem, tanto exterior quanto interior. Uma mente em desordem não pode criar ordem pois ela não sabe o que isso significa. Ela só pode reagir àquilo que supõe ser desordem criando um padrão a que chama "ordem" para, depois, ajustar-ser a esse padrão. Se a mente, porém, estiver cônscia da desordem em que vive (o que significa estar consciente do negativo, sem projetar o chamado positivo), nesse caso, a ordem se torna algo extremamente criador, fluido, vivo. Ordem não é um padrão que sigam dia após dia. Seguir um padrão estabelecido, praticá-lo diariamente, isso é desordem — a desordem do esforço, do conflito, da cupidez, da inveja, da ambição, a desordem de todos os frívolos e mesquinhos seres humanos que implantaram a atual sociedade e que foram condicionados por ela.

Poderemos agora, portanto, ficar cônscios da desordem — cônscios dela sem escolha, sem dizer: "Isso é desordem e aquilo é ordem"? Poderemos estar cônscios, sem escolha, da desordem? Isso exige uma extraordinária inteligência, sensibilidade e, nessa percepção sem escolha, há também uma disciplina que não é mero conformismo.

Será que estou forçando muito? Será que, por assim dizer, estou botando muitas idéias na cesta, lançando-as todas ao mesmo tempo?

Como vêem, para a maioria de nós, a disciplina (gostemos ou não, pratiquemos ou não, estejamos conscientes ou inconscientes disso) é uma espécie de conformismo. Todos os soldados do mundo (essas pobres e miseráveis criaturas, da esquerda ou da direita) têm de se submeter a um padrão pois há certas coisas que se espera que eles façam. Embora nós, os demais, não sejamos soldados treinados para destruir os outros e nos proteger, seguimos também uma disciplina que nos impõe o ambiente, a sociedade, a família, o escritório, a rotina de nossa existência diária ou a que nós mesmos nos impomos.

Quando examinamos toda a estrutura e significação da disciplina, seja uma disciplina imposta de fora seja uma autodisciplina, percebemos que ela é uma forma de sujeição externa ou interna, um ajustamento a um padrão, a um produto da memória, a uma experiência. E revoltamo-nos contra essa disciplina. A mente humana se revolta contra tal estúpida espécie de submissão, seja ela estabelecida por ditadores, padres, santos, deuses, seja por quem for. Não obstante, entendemos que, na vida, tem de haver uma espécie de disciplina — uma disciplina que não seja mero conformismo, que não seja um ajustamento a um padrão, que não se baseie no temor etc. porque, se não houver disciplina alguma, não podemos viver. Cumpre descobrir, por conseguinte, se há uma disciplina que não seja conformismo uma vez que o conformismo destrói a liberdade, nunca nos traz a liberdade. Observem as religiões organizadas pelo mundo afora, os partidos políticos. É claro que o conformismo destrói a liberdade; não precisamos insistir nesse ponto. Ou vêem, ou não vêem. Depende dos senhores.

A disciplina do conformismo, criada que é pelo medo da sociedade que faz parte da estrutura psicológica da sociedade, essa disciplina é imoral, gera desordem e estamos presos a ela. Mas poderá a mente descobrir se há um movimento de disciplina que não seja um processo de controle, padronização e conformismo? Para descobrir isso, temos de estar atentos a essa extraordinária desordem, confusão e miséria em que vivemos, estar cônscios disso, não fragmentariamente, mas totalmente e, portanto, sem escolha — e isso já disciplina.

Se eu estiver plenamente atento ao que estou fazendo, se eu estiver consciente, sem escolha, do movimento da minha mão, por exemplo, essa própria atenção é uma forma de disciplina em que não há conformismo. Está claro? Não podem compreender esse fato apenas com a palavra; terão de realizar isso, verdadeiramente, dentro de si mesmos. A ordem só vem à existência através dessa atenção na qual não há escolha e que, por isso, é um estado de atenção plena, uma capacidade de perceber cada movimento do pensamento. Essa atenção plena já é disciplina sem submissão. Em virtude dessa consciência plena da desordem, surge, então, a ordem. Não foi a mente que produziu a ordem.

Para que haja ordem, que é o florescimento da bondade e da beleza, tem de haver liberdade e não haverá liberdade se não houver espaço.

Olhem, vou fazer-lhes uma pergunta — mas, por favor, não me respondam: o que é espaço? Perguntem a si mesmos — não levianamente, mas com toda seriedade, como estou fazendo. O que é espaço? Suas mentes, agora, só conhecem o espaço que um objeto cria ao redor de si. Esse é o único espaço que conhecem. Mas haverá espaço sem o objeto? Se não há, então não há liberdade e, portanto, não há ordem, beleza nem o florescimento da bondade. Continua apenas a eterna luta. Para descobrir, por conseguinte, que de fato existe espaço sem centro, a mente deve trabalhar duro, e não apenas escutar palavras. No momento em que se descobre, há liberdade e ordem, e desabrocham na mente a bondade e a beleza.

Mas, sem compreender o tempo, não existe disciplina, ordem, liberdade nem espaço. É muito interessante investigar a natureza do tempo — o tempo do relógio, o tempo como ontem, hoje e amanhã, o tempo no qual trabalham e o tempo em que dormem. Muito mais difícil, contudo, é compreender o tempo que não é do relógio. Contamos com o tempo como meio de estabelecer ordem. Dizemos: "Dêem-nos alguns anos mais e seremos bons, criaremos uma nova geração e um mundo maravilhoso". Ou, então, falamos em dar origem a um novo tipo humano que será isto ou aquilo. Dessa forma, esperamos que o tempo seja um meio de trazer ordem; mas, se observarmos, veremos que o tempo só gera desordem.

Saanen, 27 de Julho de 1965

O que vamos fazer agora não é objeto de troca; vamos investigar juntos, vamos caminhar juntos em direção a algo que não conhecemos. Mas, por favor, não esperem que eu lhes diga o que não sabem ou que eu compartilhe com os senhores algo que não têm; não esperem que eu lhes dê iluminação ou liberdade. Ninguém lhes pode transmitir liberdade nem partilhá-la com os senhores. A maioria de nós, porém, está acostumada com essa atitude de alguém dar e outro receber e cria uma divisão na vida a qual gera autoridade com todos os males decorrentes disso. Em verdade, não existe o seguidor e aquele que conduz, não existe nem o instrutor nem o instruído e isso é que é maravilhoso, se compreenderem por si mesmos. Nisso há grande beleza, nisso há liberdade e aí está o fim do sofrimento porque temos de trabalhar, investigar, perquirir e destruir tudo que é falso, descobrindo, assim, por nós mesmos. Vamos, agora, examinar duas coisas que, para a maioria de nós, são extremamente importantes na vida: o amor e aquilo a que chamamos morte. Para investigar, para saber, para descobrir, obviamente tem de haver liberdade — não a liberdade no fim, mas exatamente no começo. Sem liberdade, não podem olhar, não podem investigar, não podem mover-se em direção ao desconhecido. De liberdade necessita a mente que deseja investigar, quer no complexo campo da ciência quer no complicado e sutil campo da consciência humana. Não podem ir com seus conhecimentos, preconceitos, ansiedades e temores, pois tudo isso vai condicionar a percepção que tiverem, vai empurrá-los em diversas direções e, desse modo, cessa toda verdadeira indagação. Assim também, quando tentamos ver o que significa essa coisa extraordinária (isso a que chamamos amor), não podemos levar conosco nossos preconceitos pessoais, nossas conclusões, nossas idéias preconcebidas ditando que este ou aquele deve ser o caminho; não podemos afirmar que o amor tem de ser expresso na família, entre marido e mulher, ou que há amor profano e amor espiritual uma vez que tudo isso nos impede de penetrar, profunda e livremente, com certo anelo, na questão.

Por conseguinte, precisamos de liberdade para investigar e, por isso, temos de estar atentos, desde o começo, para ver como somos condicionados, como somos preconceituosos; temos de estar atentos ao fato de que olhamos a vida através do desejo de prazer e de que, assim, ficamos impedidos de ver o que realmente é. Mas, quando estamos livres de tudo isso, podemos, então, investigar essa coisa extraordinária chamada amor.

Neste mundo vivemos em relação — relação entre homem e mulher, entre amigos, entre nós mesmos e nossas idéias, nossas propriedades e assim por diante. Vida implica relação e não pode haver relação quando a mente se isola em suas atividades. Observem, por favor, esse processo em si próprios. Se houver atividade egocêntrica, não haverá relação. Quer durmam na mesma cama com outra pessoa, quer viajem num ônibus lotado, quer estejam olhando as montanhas, enquanto a mente estiver presa a uma atividade egocêntrica, é claro que ela só pode cair no isolamento e, desse modo, não haverá relação.

Mas é justamente nessa confusão decorrente da atividade egocêntrica que a maioria de nós começa a investigar o que é o amor e isso também impede a verdadeira investigação pois toda atividade egocêntrica visa buscar o prazer e evitar a dor. Enquanto investigamos partindo do centro, que existe para o seu próprio prazer, inútil e vã é toda investigação. Para investigar de fato, temos de estar livres dessa atividade egocêntrica — o que é extremamente difícil.

Isso requer muita inteligência, uma profunda compreensão, um extraordinário *insight* e, portanto, precisamos de uma mente sã — que não seja sentimental, emocionalista nem levada pela entusiasmo, mas uma mente muito lúcida, atenta e sensível a tudo que ocorre em derredor. Só essa mente pode começar a investigar isso a que chamamos amor.

Roma, 10 de Abril de 1966

Se quisermos descobrir essa realidade, tem de haver liberdade total, temos de estar livres de todo condicionamento em que o homem vive, um condicionamento que resulta da propaganda. Diariamente, desde a infância, disseram-nos o que é deus, o que Ele não é, como encontrá-LO através do Salvador, do padre, de rituais. A menos que possamos, realmente, seriamente, estar cônscios de nosso condicionamento e jogá-lo fora, não deixando para depois, mas imediatamente, não haverá saída. Tanto quanto entendemos, sempre houve essa idéia de que deus está fora e dentro. Eu, pessoalmente, não gosto de empregar a palavra *deus*, uma vez que já está sobrecarregada. Temos de descobrir se existe essa coisa, essa verdade, se há uma realidade, algo que não se pode imaginar nem pensar, incondicionado.

❖

Pergunta: Há espaço fora da casa e dentro dela.

Krishnamurti: Sim, tomei isso como exemplo. A casa existe dentro de um espaço; ela cria espaço. É por causa da casa que o senhor conhece o espaço. O senhor não pode pensar no espaço sem o pensador e terá que descobrir se há espaço sem o objeto.

Considere, novamente, o amor. Essa palavra está saturada, mas não a empregamos com sentido sentimental, emocional nem devocional. Nós a usamos não-sentimentalmente. Quando dizemos "Amo minha pátria, minha esposa, meu deus" ou qualquer outra coisa, há um objeto amado, seja ele uma idéia, seja uma entidade. Quando o objeto muda, o amor fica confuso, cheio de ciúme. Queremos saber se pode existir amor sem o objeto. Nem a beleza nem o espaço nem o amor resultam de um objeto. Essa é uma investigação incrível. Para examinar esse assunto, necessitamos de ordem — que significa liberdade, sem inveja, ambição, avidez nem culto ao êxito; do contrário, haverá desordem e uma mente em desordem nada pode descobrir.

❖

Nada daquilo que discutimos torna a mente isolada, mas apenas inteligentemente solitária. Precisamos estar sós, não, contudo, no sentido do isolamento do monge. Estar verdadeiramente só significa liberdade. Não é a solidão da autopiedade nem do isolamento. É maravilhoso ver, claramente, que estamos sós. Quando todo mundo em volta grita *slogans* nacionalistas agitando bandeiras e percebemos toda essa tolice, estamos sós.

Nova Déli, 19 de Novembro de 1967

As duas únicas coisas que importam são o compromisso com a liberdade e descobrir o que é o amor — liberdade e aquilo a que chamamos "amor". Sem liberdade total, possivelmente não poderá haver amor e um homem sério só está comprometido com essas duas coisas — com mais nada. Liberdade significa (não é isso?) que a mente está totalmente livre de todo condicionamento. Para se descondicionar (deixar de ser sique, muçulmano, cristão ou comunista), a mente deve achar-se completamente livre pois as divisões entre os homens como hindus, budistas, muçulmanos, cristãos ou americanos, comunistas, socialistas, capitalistas etc. só trouxeram desastres, confusão, miséria e guerras.

Antes de tudo, portanto, é necessário que a mente se liberte do condicionamento. Podem dizer que isso é impossível. Se disserem isso, então não haverá saída. É como um homem na prisão dizendo: "Não posso sair". E a única coisa que ele faz é decorar a prisão, melhorá-la, torná-la mais confortável, mais cômoda e limitar-se a si próprio e limitar suas atividades ao mundo fechado pelas quatro paredes que ele mesmo construiu. Muitos dirão que é impossível a libertação. O mundo comunista inteiro afirma que é impossível e que, portanto, a mente deve ser condicionada de outro modo, com lavagem cerebral primeiro e o sistema comunista depois. E os religiosos fizeram exatamente o mesmo: desde a infância passam por uma lavagem cerebral e são condicionados a crer que são hindus, siques, muçulmanos ou católicos. As religiões falam de amor e liberdade, mas insistem em condicionar a mente. Se afirmam, portanto, que o homem não é capaz de se libertar do seu condicionamento, nesse caso não terão problema. Aceitam a prisão e vivem nela com as guerras, a confusão, os conflitos, a miséria, a agonia e a solidão da vida, com a violência dessa solidão, a brutalidade e o ódio — e é isso que, na verdade, estão fazendo. Se disserem, contudo, "Deve ser possível descondicionar a mente", poderemos então penetrar e investigar juntos essa questão sem nenhuma autoridade a conduzi-los nem o orador a tomá-los pela mão e levá-los passo a passo, pois onde há liberdade não há autoridade. A liberdade está tanto no começo como no fim e, se aceitarem uma autoridade no começo, serão escravos dela no fim. Por conseguinte, cumpre-nos investigar juntos, em liberdade. Entendam isso, por favor. O orador não está dizendo o que devem fazer nem se arvorando de autoridade (já que têm tido autoridades e foram obrigados a agüentar todo absurdo e imaturidade deles), mas, se estão investigando (e, quando investigam, não existe autoridade alguma), então podemos empreender juntos a jornada, participando, e não sendo conduzidos. Um verdadeiro cientista não se compromete com nenhum governo; ele não tem nacionalidade, nada está buscando. Como verdadeiro cientista, investiga objetivamente, do princípio ao fim, sem projetar sua personalidade, sua nacionalidade e ambições.

Investiguem, portanto, a questão da liberdade, não intelectualmente, mas de fato, com o sangue, a mente e o coração! Só podem viver em liberdade e só quando há liberdade é que há paz. Nessa liberdade, então, imensa paz tem a mente para caminhar; mas a mente que não está livre, que está presa a uma crença, à ambição, à família ou a um tolo demiurgo de sua invenção, essa mente jamais entenderá a extraordinária beleza ou o amor que provém dessa liberdade. Mas tal liberdade só pode surgir natural e espontaneamente quando começamos a compreender o condicionamento. E não podem estar atentos a esse condicionamento quando estão encarcerados, dentro das quatro paredes de sua religião particular ou de suas ambições. Para investigar esse condicionamento, precisamos, primeiro, estar atentos. Estar atento significa observar, olhar nossos pensamentos, olhar nossas crenças, nossos sentimentos. Entretanto, quando olhamos, condenamos, justificamos ou dizemos que "isso é natural". Não olhamos sem escolher; não estamos cônscios do nosso condicionamento. Olhamos nosso condicionamento fazendo uma escolha — gostando daquilo que é agradável e não gostando do que é desagradável. Mas não estamos realmente cônscios do nosso condicionamento tal qual ele é, sem qualquer escolha.

Já observaram uma árvore, uma nuvem ou um pássaro cantando no gramado ou num galho? Já observaram o que acontece? O que realmente sentem quando vêem uma árvore, um pássaro ou uma nuvem? Vêem a nuvem ou a imagem que têm da nuvem? Descubram isso, por favor. Ao ver um pássaro, dão-lhe um nome ou dizem: "Não gosto desse pássaro" — ou "Como esse pássaro é bonito!" Quando dizem isso, não estão realmente vendo o pássaro; as palavras e pensamentos (gostem disso ou não) impedem que olhem. Mas há uma atenção sem escolha, o olhar alguma coisa sem qualquer interferência do que já sabem. Afinal de contas, só é possível estar em comunicação com o outro quando escutam sem aceitar nem negar, quando apenas escutam. Da mesma maneira, olhem para si mesmos como se olham num espelho — para ver o que realmente são, não o que deveriam ser ou o que desejam ser. Mas não ousamos olhar assim; se olhamos, dizemos: "Como sou feio!" ou "Como estou zangado!" — ou isto ou aquilo. Só é possível olhar, ver e escutar quando estamos livres dos pensamentos, das emoções, da condenação e do julgamento.

Provavelmente nunca olharam para a esposa ou para o marido sem a imagem que têm dela ou dele. Observem isso, por favor, em suas próprias vidas. Um tem a imagem do outro e a relação que se estabelece é entre as duas imagens, imagens que foram construídas através de muitos anos de prazer e de brigas, acrimônia, zanga, críticas, contrariedades, irritação e frustração. É assim que olhamos as coisas — através das imagens que criamos em relação a elas. Estão escutando o orador com uma imagem que têm dele; logo, estão escutando a imagem; não estão em contato direto com ele nem com coisa alguma na vida. Sabem o que acontece quando estamos em contato direto com algo ou alguém? O espaço desaparece; desaparece o espaço entre as duas pessoas e, portanto, há uma imensa paz; mas só é possível isso quando há liberdade, isto é, quando estamos livres da criação de imagens, livres dos mitos e das ideologias; só assim estamos em contato direto. Então, quando estiverem em contato direto com a realidade, haverá uma transformação.

Sabem, naturalmente, o que está acontecendo no mundo. Há pessoas que estão experimentando drogas, tomando drogas e, quando tomam certas drogas, desaparece o espaço entre o observador e a coisa observada. Já viram um buquê de flores sobre uma mesa? Se olharam atentamente, notaram que há um espaço entre os senhores que observam e a coisa observada. O espaço é tempo e a droga elimina, quimicamente, esse espaço e esse tempo; desse modo, o observador fica extraordinariamente sensível e, assim, percebe muito mais pois se acha em contato direto com a flor. Mas tal contato é temporário e, por isso, ele tem de continuar tomando a droga. Quando nos observamos a nós mesmos, vemos que estamos tão condicionados, acreditando em tantas coisas, como um selvagem com suas superstições, que não podemos estar em contato direto com a realidade. Mas, se estiverem em contato direto, verão que não há nenhum observador. É o observador que cria a divisão.

Quando estamos encolerizados, a cólera, aparentemente, é uma coisa separada da entidade que diz: "Estou com raiva". Assim, a cólera é uma coisa e o observador é outra. Mas será isso mesmo? Não será o observador a própria cólera? Quando essa divisão, portanto, chega ao fim, o observador é a coisa observada e a cólera já não tem mais razão de ser. Só há cólera e violência quando existe divisão entre o observador e a coisa observada. Essa é uma questão muito complexa que requer muita investigação, penetração e *insight*. Só quando estamos livres de todo conflito é que há paz e dessa paz advém o amor. Provavelmente, contudo, não poderemos conhecer a natureza do amor se a mente não estiver cônscia de si própria, se não se descondicionou e se, portanto, não está livre.

Nova Déli, 23 de Novembro de 1967

No outro dia, dizíamos que só há, fundamentalmente, dois problemas para o homem, para o ser humano: liberdade e amor. Liberdade implica ordem. Mas a ordem, a ordem social, está, agora, caótica, é contraditória; é desordem. Como podem observar na sociedade em que vivem, aquilo a que chamam ordem é basicamente desordem porque há violência. Cada ser humano está em competição com outro; há brutalidade, há competição que destrói o outro e assim por diante; isso é desordem. Guerra, ódio e ambição constituem desordem e consideramos essa desordem como ordem, não é mesmo? Aceitamos essa moral, a moral social, como a ordem normal; mas, quando observam a coisa bem de perto, vêem que é desordem. Creio que isso está suficientemente claro, a menos que estejamos totalmente cegos pela tradição, pela nossa própria conveniência.

❖

Podemos estar cônscios disso e de que tal percepção produzirá, agora, uma revolução radical? Liberdade não é estar livre de alguma coisa — entendam isso, por favor, pois vamos examinar coisas um tanto intrincadas e a explicação nunca é a realidade. Infelizmente supomos que, pela explicação, entendemos alguma coisa; mas não entendemos. Explicação é uma coisa e realidade, outra. A palavra *árvore* não é a árvore, mas confundimos a palavra com a árvore. Aquilo, portanto, a que geralmente chamamos liberdade significa estar livre de alguma coisa: da cólera, da violência, do extremo desespero. Entretanto, quando estão livres de alguma coisa, estão realmente livres? Por favor, penetrem em si mesmos e observem. Ou será liberdade algo de todo diferente, e não o estar livre de alguma coisa? Estar livre de alguma coisa é uma reação e a reação pode repetir-se indefinidamente. A liberdade de que falamos é, contudo, totalmente diferente; é o sentimento de estar completamente livre — e não de alguma coisa em particular. E a compreensão do que significa estar livre de alguma coisa, a percepção de toda essa estrutura produzirá, naturalmente, uma liberdade que não é reação.

❖

A percepção, por conseguinte, é essa condição da mente que observa sem qualquer justificação nem condenação, sem aprovação nem desaprovação, sem simpatia nem antipatia — apenas observa. E a coisa torna-se um tanto difícil quando estão emocionalmente agitados, quando a segurança, a família, as opiniões, os julgamentos e crenças ficam abalados — e ficarão abalados. Não há segurança de espécie alguma; tudo está mudando e recusamo-nos a aceitar essa mudança; daí, a batalha interior. Desse modo, quando se observam a si mesmos com muita calma e observam o mundo circundante, dessa observação nasce a liberdade — que não é o estar livre de alguma coisa. Está claro isso?

Não sei se estão percebendo esse ponto. "Tenho medo da morte" — isso é algo que vai acontecer amanhã ou depois de amanhã; é questão de tempo. Há uma distância entre o que ocorre agora e o que vai acontecer depois. Observando a morte, o pensamento experimentou esse estado e diz: "Vou morrer". O pensamento cria o medo da morte; do contrário, haverá medo? Assim, será o medo produto do pensamento? Como o pensamento é velho, o medo é sempre velho. Por favor, sigam isso com cuidado. O pensamento é velho; não há pensamento novo. Se reconhecem um novo pensamento é porque ele já é velho. Aquilo, portanto, que tememos é a repetição do velho; é o pensamento projetando no futuro aquilo que já passou. Como conseqüência, o pensamento é o responsável pelo medo; a coisa é essa. Podem ver isto por si próprios: quando defrontam algo inesperado, não há medo. Só quando o pensamento chega é que há medo. Nossa pergunta, por conseguinte, é esta: pode a mente viver tão plena no presente que não haja nem passado nem futuro? Só essa mente é que não tem medo. Para entender isso, porém, terão de compreender a estrutura do pensamento, a memória e o tempo. Se não tiverem tal compreensão, não intelectual nem verbal, mas, de fato, com a mente e o coração, não haverá liberdade. Havendo, entretanto, liberdade total, a mente pode usar o pensamento sem gerar medo.

É absolutamente necessário estar livre do medo. A liberdade é necessária porque, sem ela, não haverá paz, não haverá ordem e, assim, não haverá amor; mas, quando há amor, podem fazer o que quiserem; então, não há pecado, não há conflito. Para compreender, porém, a liberdade e o amor, temos de compreender, não-verbalmente, a natureza da liberdade que surge quando compreendemos a desordem. Compreendemos a desordem quando compreendemos a estrutura e a natureza do pensamento, não de acordo com o orador, não de acordo com um psicólogo qualquer pois, quando compreendemos de acordo com eles, não nos compreendemos; apenas compreendemos o que diz uma autoridade. Para se conhecerem, terão de eliminar, completamente, toda autoridade. Por favor, não concordem; essa concordância é apenas verbal, não tem qualquer significado. Mas vejam como isso é importante pois foram todas essas autoridades, escrituras, livros, gurus e líderes religiosos que os levaram a esse terrível estado de completo desespero, solidão, miséria e confusão. Os senhores os têm seguido ou, pelo menos, fingem segui-los e, agora, terão de empreender sozinhos essa jornada pois não há autoridade que vá conduzi-los nem levá-los à bem-aventurança que não se encontra em nenhum livro, em nenhum templo. Terão de realizar essa jornada inteiramente sós. Não podem confiar em ninguém. E por que deveriam confiar em alguém? Por que deveriam confiar em uma autoridade? É isto, então, o que dizem: "Estou confuso" — "Eu não sei" — "O senhor sabe; portanto, por favor, diga-me". E o que significa isso? Estão fugindo de sua própria confusão; mas, para entender essa confusão, não podem esperar que alguém os ajude a sair dela. Foi exatamente dessa autoridade externa que se originou a confusão. Olhem isso; é tão claro!

Sobre a Liberdade e a Ordem: *Krishnamurti on Education* (*Ensinar e Aprender*), Capítulo 4

Não existe liberdade sem ordem. As duas estão juntas. Se não tiverem ordem, não poderão ter liberdade. Elas são inseparáveis. Se disserem: "Farei o que quiser; vou aparecer para as minhas refeições quando bem entender; vou à aula se quiser" — nesse caso produzirão desordem. Têm de levar em consideração o que as outras pessoas querem. Para que as coisas corram bem, têm de chegar a tempo. Se eu tivesse chegado dez minutos atrasado nesta manhã, eu os teria deixado esperando. Devo, portanto, ter consideração. Tenho de pensar nos outros. Tenho de ser polido, atencioso e solícito como os outros. Dessa consideração, delicadeza e atenção exterior e interior vem a ordem e, com ela, a liberdade.

Como sabem, os soldados, no mundo inteiro, são treinados diariamente e ouvem o que devem fazer, que devem marchar enfileirados. Eles obedecem às ordens sem pensar. Sabem o que isso faz com o homem? Quando lhes dizem o que fazer, o que pensar, que devem obedecer e seguir, sabem o que isso lhes causa? A mente fica embotada, perde a iniciativa, a presteza. Essa imposição externa de disciplina torna a mente estúpida, torna-os submissos, faz que passem a imitar. Mas, se se disciplinarem com atenção, ouvindo, sendo polidos e solícitos, dessa própria atenção, dessa capacidade de ouvir, dessa consideração com os outros vem a ordem. Onde há ordem, há sempre liberdade. Se estiverem gritando, falando, não poderão ouvir o que os outros têm para dizer. Só podem ouvir com clareza quando se sentam calmamente e prestam atenção.

Não podem ter ordem se não estiverem livres para observar, para ouvir, para serem prestimosos. Esse problema da liberdade e da ordem é um dos mais difíceis e urgentes da vida. É um problema muito complexo. Exige que sobre ele pensemos muito mais do que sobre a matemática, a geografia ou a história. Se não forem realmente livres, jamais florescerão, nunca serão bondosos, não poderá haver beleza. Se a ave não for livre, não pode voar. Se a semente não for livre, não pode germinar, irromper da terra, não pode viver. Tudo tem de ter liberdade, inclusive o homem. Mas os seres humanos têm medo da liberdade; não querem a liberdade. Os pássaros, os rios, as árvores, tudo exige liberdade e o homem também deve exigir, não em meias medidas, mas liberdade total. Uma das coisas mais importantes da vida é a liberdade, a independência para exprimir o que pensamos e fazer o que queremos. E uma das coisas mais difíceis e perigosas é estar realmente livre da cólera, do ciúme, da brutalidade, da crueldade — é estarmos, de fato, interiormente libertos.

Não podem ter liberdade apenas por querer. Não podem dizer: "Serei livre para fazer o que quiser", pois há outras pessoas querendo ser livres também, querendo também exprimir o que sentem, querendo fazer também o que desejam. Todo mundo quer ser livre e expressar sua cólera, sua brutalidade, ambição, competitividade etc.; por isso há sempre conflito. Quero fazer uma coisa, o outro também quer e, então, brigamos. Liberdade não é fazer o que queremos pois o homem não pode viver sozinho. Nem o monge nem o "sannyasi" são livres para fazerem o que querem uma vez que têm de lutar pelo que querem, têm de lutar consigo mesmos, têm de se convencer interiormente. Para ser livre, precisamos de muita inteligência, sensibilidade e compreensão. Não obstante, é absolutamente necessário que todo ser humano seja livre, qualquer que seja sua cultura. Vêem, portanto, que não pode existir liberdade sem ordem.

Estudante: O senhor quer dizer que, para sermos livres, não deve haver disciplina?

Krishnamurti: Eu expliquei, cuidadosamente, que não podem ter liberdade sem ordem e que ordem é disciplina. Não gosto de usar a palavra disciplina porque ela está carregada com inúmeros sentidos. Disciplina significa conformismo, imitação, obediência; significa fazer o que lhe mandam, não é isso? Mas, se quiserem ser livres (e os seres humanos devem ser completamente livres pois, do contrário, não podem florescer, não podem ser, realmente, seres humanos), se quiserem ser livres, terão de descobrir, por si mesmos, o que é ter ordem, o que é ser pontual, gentil, generoso, não ter medo. A descoberta de tudo isso é disciplina. Isso gera ordem. Para descobrir, têm de examinar e, para examinar, devem ser livres. Se forem polidos, atenciosos e capazes de ouvir, nesse caso, como são livres, serão pontuais, irão às aulas regularmente, estudarão e terão tanta energia, que desejarão fazer as coisas corretamente.

E: O senhor disse que a liberdade é muito perigosa para o homem. Por quê?

K: Por que a liberdade é perigosa? Sabe o que é sociedade?

E: É um grande grupo de pessoas que lhe dizem o que fazer e o que não fazer.

K: É um grande grupo de pessoas que lhe dizem o que fazer e o que não fazer. É também a cultura e são os costumes e hábitos de uma comunidade; é a estrutura social, moral, ética e religiosa na qual o homem vive — é a isso que geralmente se chama sociedade. Agora, se cada indivíduo nessa sociedade fizesse o que desejasse, ele seria um perigo para a sociedade. Se o senhor fizesse, aqui na escola, o que desejasse, o que aconteceria? Seria um perigo para o resto da escola; não seria? Por isso, as pessoas, de um modo geral, não querem que os outros sejam livres. Um homem realmente livre, não intelectualmente, mas interiormente livre da avidez, da ambição, da inveja e da crueldade, esse homem é tido como um perigo para as pessoas porque é completamente diferente do homem comum. Assim, ou a sociedade o venera ou o mata ou é indiferente a ele.

E: O senhor disse que devemos ter liberdade e ordem, mas como conseguiremos isso?

K: Antes de mais nada, não pode depender de ninguém; não pode esperar que alguém lhe dê liberdade e ordem, seja seu pai, sua mãe, seu marido, seja seu professor. Terá de realizar isso inteiramente só. A primeira coisa que precisa compreender é que não pode pedir nada a ninguém a não ser comida, roupa e abrigo. Talvez não possa pedir nada a ninguém, nem a seus gurus nem a seus deuses, e tampouco confiar neles. Ninguém lhe pode dar liberdade e ordem. Terá de descobrir como criar essa ordem em si. Quer isso dizer que terá de observar e descobrir por si como criar em si a virtude. Sabe o que é virtude — ter moral, ter bondade? Virtude é ordem. Portanto, terá de descobrir por si como ser amável, gentil e cortês. É dessa atenção e consideração que provém a ordem e, conseqüentemente, a liberdade. São os outros que lhe dizem o que deve fazer — que não deve ficar olhando pela janela, que deve ser pontual, que deve ser gentil. Se disser, porém: "Olharei pela janela quando quiser, mas, ao estudar, darei atenção ao livro" — nesse caso criará a ordem interior sem que os outros lhe precisem dizer nada.

E: E o que ganhamos por ser livres?

K: Nada. Quando falam no que podem ganhar, estão pensando como mercadores, não é mesmo? Farei isso, mas, em troca, por favor, dê-me alguma coisa. Sou bondoso com alguém porque isso me traz proveito. Mas isso não é bondade. Enquanto pensarmos em termos de ganho, não haverá liberdade. Se eu disser: "Caso consiga a liberdade, poderei fazer tal e tal coisa" — isso não é liberdade. Não pense, portanto, em termos utilitaristas. Enquanto pensarmos utilitariamente, não haverá liberdade de espécie alguma. Só pode haver liberdade quando não temos nenhum motivo. Não se ama uma pessoa só porque nos dá comida, roupa e abrigo. Isso não é amor.

A Liberdade e o Campo: *Tradition and Revolution* — Diálogo 19, Madras, 16 de Janeiro de 1971

Compreendi: percebo que esse *interesse* pela liberdade, que não é fórmula nem conclusão, não é liberdade. Certo? Então, a mente diz: "Se não é, nesse caso o que é liberdade?" E ela responde: "Não sei".

Evidente que, nesse não-saber, há um desejo de saber. Quando digo que não sei o que é liberdade, espero descobrir o que é e fico na expectativa. Significa isso que a mente, de fato, não diz que não sabe; apenas espera que aconteça algo.

Percebo isso e ponho de lado.

Desse modo, realmente não sei.

Nada aguardo nem fico na expectativa. Não espero que aconteça alguma coisa, que venha alguma resposta de fora. Não espero nada. Aí está. Essa é a pista.

Sei que isso não é liberdade. Não há liberdade alguma aqui. Há mudança, mas não liberdade. Mudança nunca traz liberdade. O homem se revolta contra a idéia de que nunca pode ser livre, que está condenado a viver neste mundo. Não é o intelecto que se revolta, mas todo o organismo, a percepção inteira. Certo? Então, a mente diz que, se isso não é liberdade, não sei o que ela é. Não espero nada, não espero nem tento descobrir o que seja liberdade. Realmente não sei. Esse não-saber é liberdade. Saber é uma prisão. Isso é lógico.

Não sei o que vai acontecer amanhã. Por conseguinte, estou livre do passado, livre do campo.

Conhecer o campo é prisão e o não-conhecer o campo também é prisão.

Olhe, senhor, eu conheço o ontem; sei o que aconteceu ontem. Saber o que aconteceu ontem é a prisão.

Assim, a mente que vive num estado de não-saber é uma mente livre. Certo?

Os tradicionalistas erraram quando disseram: "Não se apegue". Como vêem, eles negavam todo tipo de relação. Não podiam resolver o problema das relações, mas disseram: "Não se apegue" e, assim, fugiram de todas as relações. Disseram: "Desapegue-se" e caíram no isolamento.

Viver com o conhecimento desse campo é estar na prisão, mas não conhecer a prisão tampouco é liberdade.

A mente, portanto, que vive do conhecido está sempre na prisão. Isso é tudo.

Poderá a mente dizer "Eu não sei" afirmando com isso que o ontem chegou ao fim? É a continuidade do conhecimento que constitui a prisão.

Interrogante: É preciso ser impiedoso para prosseguir nisso.

Krishnamurti: Não use a palavra impiedoso. É necessária profunda sensibilidade. Quando digo que não sei, realmente não sei. Ponto final. Veja o que aconteceu. Significa verdadeira humildade, um senso de austeridade. Sendo assim, o ontem chegou ao fim. O homem, portanto, que liquidou o ontem está realmente começando de novo. Por isso tem de ser sério. De fato, não sei — e isso é maravilhoso! Não sei se posso morrer amanhã. Desse modo, não cabe conclusão alguma em tempo algum, o que significa não levar nenhuma carga. A carga é o conhecimento.

I: Podemos chegar a esse ponto e aí permanecer?

K: Não precisa permanecer.

I: A mente tem um meio de voltar. As palavras só nos levam até certo ponto. Não há razão para voltar.

K: Vamos devagar. Não coloque a coisa desse modo. Compreendo isso. Vemos o homem que fala de desapego e vemos o homem que inventa o atman. Nós, então, dizemos: "Olhem, ambos estão errados. Nesse campo não há liberdade".

E, aí, perguntamos: "Haverá mesmo liberdade?" E eu digo: "Realmente não sei". Não quer isso dizer que esqueci o passado. Nesse "Não sei" não se inclui o passado, não se descarta o passado nem se utiliza o passado.

A única coisa que se diz é: "No passado não há liberdade". O passado é o conhecimento; é acumulação; o passado é o intelecto e nele não há liberdade.

Quando se pergunta se há liberdade, a resposta é: "Realmente não sei".

I: Mas a estrutura das células cerebrais permanece.

K: Tornam-se extraordinariamente ágeis e, assim, podem rejeitar e aceitar pois há movimento.

I: Vemos, então, ação. Até aqui só conhecemos atividade. Nunca podemos rejeitar a atividade. Ela acontece. Ao pôr de lado a simples atividade, ela deixa de ser uma barreira à ação. O viver normal do dia-a-dia é um processo que não pára.

K: Está perguntando o que é ação? O que é ação para o homem que não sabe? O homem que sabe age pelo conhecimento e sua ação, sua atividade sempre se dá dentro da prisão e projeta essa prisão no futuro. Está sempre no campo do conhecido.

Brockwood Park, 9 de Setembro de 1972

Como, portanto, podemos aprender sobre a liberdade? Não se trata de estar livre da opressão, do medo, de todas as pequenas coisas que nos aborrecem; trata-se da liberdade da própria causa do medo, da própria causa da nossa rivalidade, da própria raiz do nosso ser no qual há essa terrível contradição, essa alarmante busca de prazer e todos os deuses que temos criado com suas igrejas e padres — conhecem bem todo esse negócio. Parece-me, portanto, que temos de perguntar a nós mesmos se queremos a liberdade da periferia ou no íntimo do nosso ser. Se quiserem saber o que é a liberdade que está na própria fonte de toda existência, terão de saber o que é o pensamento. Se estiver clara essa questão (e não a explicação verbal nem a idéia que podem deduzir da explicação, mas se é o que sentem e se é realmente uma necessidade absoluta), então podemos realizar juntos essa jornada. Se pudermos, de fato, entender isso, nesse caso teremos resposta para todas as nossas perguntas.

Assim, temos de descobrir o que é aprender. Primeiramente, quero ver se a liberdade pode provir do pensamento — não como usar o pensamento, que é a pergunta seguinte. Pode a mente estar livre do pensamento? Que significa essa liberdade? Só sabemos o que é estar livre de alguma coisa — do medo, disso ou daquilo, da ansiedade, de uma dúzia de coisas. Haverá, contudo, uma liberdade que não seja estar livre de alguma coisa, mas apenas uma liberdade *per se,* em si própria? E dependerá do pensamento a resposta a essa pergunta? Ou será que a liberdade é a ausência do pensamento? Compreendem? Aprender significa percepção espontânea; não depende, portanto, de tempo. Não sei se percebem a coisa. Por favor, isso, de fato, é fascinante e importante.

❖

Aprender implica tempo. Para aprender uma língua, uma técnica, um método; para adquirir certas informações, conhecimento sobre mecânica e assim por diante, isso requer tempo, muitos meses, muitos anos. Aprender a tocar piano, violino, aprender uma língua, tudo isso significa memorizar, praticar, adquirir conhecimento que se pode traduzir em ação e é nisso tudo que estamos interessados. Todos os seres humanos só estão interessados nisso porque isso lhes dá poder, posição, um meio de vida etc. E eu chego e digo a mim mesmo que o aprender deve ser instantâneo, que aprender é ver e agir e que não há intervalo entre o ver e o agir. Por conseguinte, para aprender uma língua, o tempo é necessário. Mas é necessário tempo para aprender sobre a liberdade? Compreendem? É preciso tempo para que a mente veja que, enquanto funcionar dentro do padrão do pensamento, não há liberdade, ainda que elevado e nobre, ainda que maravilhosa seja essa elevação e maravilhoso o seu conteúdo? É necessário tempo para ver isso, para aprender sobre a verdade de que a liberdade não está dentro daquele padrão? Certo? Terão de levar tempo para perceber a verdade disso? Compreendem minha pergunta? Olhem só: mostraram-me o que o pensamento tem feito no mundo, disseram-me que um novo padrão, criado ainda pelo pensamento, vai ajudar a estabelecer um novo comportamento. A explicação e minha aceitação dessa explicação, o processo lógico, a comunicação verbal, o emprego de todas as palavras que me são tão familiares — tudo isso leva tempo, certo? No fim, porém, a mente ainda não está livre, ainda se acha dentro do padrão. Estamos caminhando juntos? Então me dizem que podemos saber instantaneamente o que é liberdade, que isso não depende de tempo, que tempo é pensamento e que não use o pensamento para compreender a liberdade. E eu me pergunto: "De que estão falando?" Não posso compreender pois que só disponho de um instrumento, o pensamento, que tenho usado erradamente, corretamente, nocivamente ou nobremente; mas é o único instrumento que tenho. E, agora, dizem-me que o ponha de lado. Aprenda, não sobre as atividades do pensamento, que já conhece; aprenda a olhar — e isso é instantâneo. Veja o que é liberdade sem depender do tempo. Estamos caminhando juntos? Entendem minha pergunta? Perceber é aprender; não depende de tempo. Tempo é, basicamente, o movimento do pensamento e, através do pensamento, não podem saber o que é liberdade. Para saber o que é liberdade, é necessário que o pensamento esteja em silêncio.

Interrogante: E como pode ficar em silêncio?

Krishnamurti: Ouçam. Não perguntem como — percebem? No momento em que perguntam "como", já querem um método, uma prática, o que ainda está dentro do padrão do pensamento.

Há, portanto, este problema: o pensamento tem o seu lugar pois, do contrário, não poderíamos comunicar-nos um com o outro. E, para estar em comunicação, tenho de aprender a língua. Conhecendo o inglês, podemos comunicar-nos; mas, para aprender inglês, precisamos de tempo. O *insight*, na liberdade, não toma tempo; mas, não podem ter esse *insight* da liberdade se o pensamento estiver operando ou se ele estiver a se mover dizendo: "Quero compreender o que é liberdade". Certo? Há, então, este problema: estou acostumado a pensar e o pensamento é o único instrumento que tenho; fui criado e educado para pensar; todo meu condicionamento e toda minha existência estão baseados nisso; todas as minhas relações estão baseadas na imagem que o pensamento fabricou. E, então, vem o senhor e me diz: "Não use esse instrumento; olhe apenas, perceba, aprenda, tenha um *insight*." E eu replico: "Como posso ter um *insight* se minha mente está tão condicionada, tão sobrecarregada com tudo que o pensamento gerou? Como posso estar livre disso para ver o que me aponta?" Certo? Fez uma pergunta errada. Se o senhor disser: "Devo estar livre disso" (e esse é um processo mecânico de pensar), o senhor fez uma pergunta errada porque não está aprendendo sobre o novo. Ainda está interessado no velho e, assim, ficará com o velho. Gostaria de saber se entenderam tudo isso.

A pergunta fundamental, portanto, agora, é esta: pode a mente, conhecendo todo o conteúdo do velho, já não estar mais ligada a ele, uma vez que estamos investigando algo numa dimensão completamente diferente? Essa investigação exige liberdade, e não que devamos compreender o velho e liquidá-lo ou controlá-lo ou subjugá-lo ou reprimi-lo, mas que nos afastemos, completamente, do velho e fiquemos com o novo, coisa que não depende de tempo. Certo? Compreenderam? E tudo isso parece contraditório e absurdo, não é?

I: Mas certamente que o pensamento deve preceder a percepção. Não podemos deixar de pensar.

K: É justamente isso. Não podem deixar de pensar.

I: Não é coisa que caia do céu.

K: Eu compreendo. Mas, se quiser ver algo novo, o que fará? Inventa, torna-se inventor. Conhecem todo o velho negócio e querem descobrir algo novo, totalmente novo. O que fazem? Mantêm o velho? Sabem o que é o velho e conhecem todo o mecanismo do velho, estão familiarizados com ele. E, se continuarem nisso, nada poderão descobrir de novo. Portanto, o que fazem? Terão de largar o velho. É necessário que haja um intervalo entre o velho e o novo para que este possa surgir. Tem de haver um intervalo e esse intervalo ocorre no momento em que vêem toda a significação do velho — quando percebem que o velho não pode dar origem ao novo. Todos queremos o novo porque já nos sentimos saturados do velho e enfadados com ele. Conhecemos o velho e, desejando o novo, não sabemos como romper a cadeia. Por isso, há gurus, instrutores e toda essa gente presunçosa que diz: "Vou ensiná-los a romper a cadeia". E o que ensinam para romper a cadeia ainda se acha dentro do padrão do pensamento — certo? E dizem: "Façam isso, não façam aquilo, sigam tal coisa, pensem assim" — mas ainda estão presos no sistema do pensamento. Agora, se perceberem isso, se tiverem um *insight*, verão que esse *insight* não depende de tempo. Não sei se percebem esse fato. Mas podem ver, instantaneamente, como é absurda toda a estrutura religiosa, toda a organização que existe em torno dela, os papas, os bispos (estão seguindo?), o absurdo dessa coisa toda. Gente crescida brincando com coisas infantis. Mas, se tiverem um *insight* disso, está tudo acabado. Então perguntam: "Mas como posso ter um *insight*?" — o que significa que realmente não entenderam. Ainda estão agarrados às velhas saias das igrejas, das crenças, das ideologias e dizem: "Não posso abandonar; tenho medo" — "O que pensará meu vizinho?" — "Vou perder meu emprego". Portanto, não querem ouvir, esse é que é o problema, e não como adquirir a percepção, como obter o *insight*; não querem atentar para o perigo de tudo que o pensamento já construiu. Para ter o *insight* têm de ouvir, têm de abandonar e ouvir. Se ouvirem aquele pombo, isto é, se ouvirem sem dar nome, sem condenação, se realmente ouvirem, então, ao ouvirem, terão o *insight* — certo?

Assim, liberdade (liberdade absoluta, e não relativa), essa liberdade absoluta só é possível quando a mente compreende o pensamento e sua função e está livre dele — certo? Agora, onde estamos depois de dizer tudo isso? Afinal de contas, estamos todos aprendendo juntos. Para vir até aqui, gastaram tempo, energia, dinheiro e tudo mais e estão aprendendo ou apenas registrando na memória?

Se estiverem apenas memorizando, então vão repetir o que outros disseram, tornando-se, desse modo, seres humanos de segunda mão. Em vez de repetirem Lao-Tsé, o Buda, Marx ou quem quer que seja, passarão a repetir o que K está dizendo e continuarão sendo de segunda mão. Mas, se estiverem aprendendo, estarão completamente fora desse rol, distante de toda essa tolice.

Portanto, onde estamos nós? Há um *insight* da liberdade, do estar livre do pensamento? Quando ocorre esse *insight* do estar livre do pensamento, então, nessa liberdade o pensamento pode funcionar com lógica, equilíbrio, objetividade e fora do processo da personalidade. Como posso eu, por conseguinte, tão condicionado que sou, usando o pensamento da manhã à noite, durante o sono, o sonho e a vigília (a mente emprega o pensamento o tempo todo), como pode essa mente ter um *insight* da liberdade sem qualquer pensamento? Por favor, façam essa pergunta a si mesmos. E, ao fazerem a pergunta, irá o pensamento dar a resposta? Se o pensamento der a resposta, então não haverá liberdade. Mas, quando fazem a pergunta com total seriedade, com toda intensidade e paixão; quando querem descobrir, nesse caso verão que nasce a liberdade que não buscaram. A busca é ação do pensamento.

Saanen, 1º de Agosto de 1976

Interrogante: Temos de estar sós [*alone*] para sermos livres? E, nessa liberdade, o que é a relação com outro ser humano? Não pode haver liberdade na relação humana?

Krishnamurti: A pergunta, portanto, é esta: liberdade implica solidão? Essa foi a pergunta — certo? O significado que o dicionário dá para a palavra "*alone*" [só, sozinho] é "*all made into one, all one*" [todos feitos em um, tudo um]. Mas como pode haver liberdade quando há atividade egocêntrica que evita a solidão? Certo? Se eu estiver, o tempo todo, interessado em mim mesmo (meus problemas, minhas preocupações, minha esposa, minha arte culinária e, sabem como é, preocupações e mais preocupações, interessado apenas em tudo isso, ocupado com isso), se minha mente está ocupada, egocentricamente, com tantas coisas, não pode haver solidão — pode? Liberdade, por conseguinte, é algo da mente não-ocupada. Enquanto a mente está ocupada como está a maioria de nossas mentes (e não importa com o que se ocupe — com deus, aborrecimentos, dinheiro, sexo, prazer, com isto ou com aquilo), enquanto houver tal ocupação com alguma coisa, é óbvio que não pode haver liberdade.

E, havendo essa liberdade, pergunta o interrogante: o que será a relação nessa libertação? Tenha, primeiro, a liberdade e descubra. Mas, sem ter essa liberdade, perguntamos o que é relação. Não estou tentando subestimar a questão. Mas o fato é que nossas mentes estão cheias de tagarelice, vaidade, presunção, autopiedade e tudo o mais.

Poderá tal mente ficar livre de tudo isso? E, quando livre, não está só? É totalmente diferente da outra que está ocupada. Gostaria de saber se percebem isso. Certo?

Portanto, se um homem, um ser humano, está livre desse enorme fardo, como será sua relação? Pode ele descobrir isso? Para descobrir, precisa tirar de si toda aquela carga de ocupações, precisa eliminar todo o conteúdo da consciência, o que, afinal, é liberdade. O que ocorre, então, se o senhor estiver livre e a outra pessoa não estiver? Como ser humano, o senhor pode estar livre de todas as preocupações e ocupações e o outro não estar. Nesse caso, qual é a relação entre os dois? Qual é a responsabilidade de um homem livre para com outro ser humano que não está livre?

E o senhor quis falar de amor. Que lugar tem a liberdade de um homem que não está cheio de ocupações nem carrega nenhuma carga de afazeres, problemas e tudo o mais, qual é sua relação com outro que não está livre? Haverá amor nessa relação? Ou só então é que há amor? Mas o que queremos dizer com a palavra *amor*? *Cuidado*! Se separamos a palavra da coisa, o que é essa coisa que surge quando o senhor separa a palavra do sentimento? O senhor ama outra pessoa — o que é que o senhor ama? Olhe, por favor: o senhor ama outra pessoa (não ama?) — a esposa, o marido, a filha, o filho e, não importa como chame a coisa, o senhor ama. O que significa para o senhor essa palavra quando a emprega? O amor tem motivo? Por favor, não balance a cabeça pois para nós tem. É o sexo que dão ao outro, o conforto, o cozinhar a comida do outro, depender do outro, possuí-lo, dominá-lo, tratá-lo sem consideração — é posse, apego, tudo isso está implicado nessa palavra. Ciúme, raiva, ódio, ansiedade, medo de perder a pessoa, tudo isso está envolvido naquilo a que chamamos amor. Certo? Não estamos sendo cínicos; estamos apenas olhando fatos.

❖

Para descobrir o que significa amar, não devemos estar livres de tudo isso? Consideremos, no momento, estar livre do apego.

Quando temos apego, a que estamos apegados? Suponham que estejamos apegados a uma mesa: o que implica esse apego? Prazer, senso de posse, sua utilidade, o sentimento de que é uma mesa maravilhosa e que, por isso, devo mantê-la etc. etc. Assim também, quando um ser humano está apegado a outro, o que acontece? Se alguém está apegado ao senhor, qual é o sentimento da outra pessoa que está apegada? Nesse apego, há o orgulho da posse, senso de domínio, medo de perdê-lo, de perder a pessoa e, por conseguinte, ciúme, mais apego, mais possessividade — certo? E o ciúme, a ansiedade, tudo isso surge. Mas, se não houver apego, significa que não há amor, responsabilidade? Compreendem minha pergunta? Para a maioria de nós, o amor é esse terrível conflito entre os seres humanos e, assim, as relações se tornam cheias de uma perpétua ansiedade (conhecem tudo isso e não preciso dizer) e é a tal coisa que chamamos amor. E, para escapar dessa terrível tensão a que damos o nome de amor, temos toda espécie de divertimento: televisão ou (desculpem-me se emprego tais palavras) entretenimento religioso. Maravilhoso! Brigamos e vamos à igreja, ao templo e voltamos e começamos tudo outra vez. E tudo isso está acontecendo o tempo todo.

Portanto, pode o homem ou a mulher estar livre de tudo isso? Ou será impossível tal coisa? Se não for possível, então nossa vida será um interminável estado de ansiedade e, por causa disso, haverá toda espécie de atitudes neuróticas, crenças e ações. Mas será possível estar livre do apego que implica tanta coisa? Será possível para o ser humano estar livre do apego e, apesar disso, ter responsabilidade?

Estar livre do apego, todavia, não significa o oposto, isto é, o desapego. Compreendem? É importantíssimo compreender isso. Quando estamos apegados, sentimos a dor do apego, a ansiedade que ele encerra e dizemos: "Pelo amor de Deus, tenho que me desapegar de toda essa coisa horrorosa". E assim começa a luta pelo desapego; começa o conflito. Não obstante, se observarem o fato e a palavra e se estiverem cônscios do fato e da palavra (da palavra apego e do desejo de estar livre da palavra), olhem, então, esse sentimento sem julgá-lo (observem apenas) e verão que daí nasce um movimento diferente que não é nem de apego nem de desapego. Compreendem? Estão fazendo isso enquanto estamos falando, ou estão apenas ouvindo um monte de palavras? Sabem que estão apegados, não? E não importa a que estejam apegados, a uma coisa ou a outra, a uma crença, a um preconceito, a uma conclusão, uma casa, uma pessoa, um ideal — estão terrivelmente apegados. O apego dá uma grande sensação de segurança, mas ilusória — certo? É uma ilusão o estar apegado a alguma coisa pois ela pode ir-se embora. Aquilo a que estão apegados é uma simples imagem que formaram sobre a coisa. Gostaria de saber se percebem isso.

Será que podem ficam livres desse apego de modo que haja responsabilidade, que não é dever? Desse modo, o que é o amor quando não há apego? Compreendem minha pergunta? Olhem: se estiverem apegados a uma nacionalidade, cultuam o isolamento da nacionalidade, o que é uma forma de tribalismo glorificado; a isso é que estão apegados. E o que é que isso faz? Separa as coisas, não? Estou muitíssimo apegado à minha nacionalidade de hindu e estão apegados à sua — são alemães, franceses, italianos, ingleses. Estamos separados. E, por isso, continuamos com as guerras e a complexidade de tudo o que está ocorrendo. Mas, se não houver apego, se não tiverem apego, o que acontece? Será isso amor? Gostaria de saber se estão compreendendo alguma coisa. Será que nos estamos entendendo mutuamente um pouquinho?

O apego, portanto, separa — certo? Estou apegado à minha crença e estão apegados à sua; logo, há separação. Vejam bem as conseqüências disso, as implicações. Assim, onde há apego há separação e, por isso, conflito. Onde há conflito provavelmente não há amor. E qual é a relação entre um homem e uma mulher ou entre um homem e o que quer que seja, qual é a relação dele com outro quando há liberdade? Compreendem? Estar livre do apego e de tudo que ele envolve. Será isso o começo (estou apenas usando a palavra *começo*, não vão além), será isso o começo da compaixão? Compreendem? Quando não há nacionalidade nem apego a nenhuma crença, a nenhuma conclusão, a nenhum ideal, então este ser humano é livre. E sua relação com outro nasce da liberdade (não é?) — nasce do amor, da compaixão. Gostaria de saber se estão compreendendo tudo isso.

Saanen, 13 de Julho de 1978

A identificação com nossos corpos, com nossas experiências, com a casa, a família, a nação, com uma ideologia ou crença particular aumentou a importância que damos ao eu, ao ego. E isso tem alimentado a idéia (e estou usando a palavra *idéia* no seu sentido próprio) da individualidade, a idéia de que nós, seres humanos, somos separados, indivíduos isolados, segregados do resto do mundo. Essa importância dada à individualidade criou uma série de males. Tem destruído famílias (não sei se estão a par disso) e tem gerado coisas extraordinárias nas realizações e na tecnologia e um senso de maior empenho por parte do ser humano, do indivíduo, do empreendimento individual. Em oposição, há a ideologia do totalitarismo. Temos, portanto, essas duas coisas contrárias: de um lado, a chamada liberdade e, do outro, nenhuma liberdade em absoluto, exceto para uns poucos. Como observamos no mundo inteiro, o aprimoramento individual produziu certos resultados benéficos, não apenas no mundo tecnológico mas também no mundo artístico. Assim, muito embora o indivíduo pense que está livre, estará ele realmente livre? O outro lado da moeda é o totalitarismo onde não há liberdade alguma, exceto para uns poucos.

Mas qual é a verdade disso? É óbvio que tem de haver liberdade. O que, todavia, queremos dizer com a palavra *liberdade*? Que fique mais uma vez claro que estamos fazendo essa pergunta a nós mesmos, que não é o orador que está perguntando, que são os senhores mesmos que perguntam. Como dissemos, não há nenhum orador aqui. Os senhores e eu somos os oradores. Os senhores e eu (esta pessoa que fala) estamos investigando juntos esta questão: de um lado está a enorme importância atribuída à individualidade com todas as suas identificações de nacionalidade, família, com o capitalismo, com o socialismo ou com qualquer coisa que seja — e, de outro, está a identificação com uma ideologia social. A sociedade, lá, de acordo com os poucos, torna-se a coisa mais importante. Investigando isso, devemos, primeiro, perguntar, se posso sugerir, o que é que nós, seres humanos, estamos tentando fazer. O que é que nós, seres humanos (e não o Sr. Fulano ou Sra. Fulana), mas nós, seres humanos sem rótulos, sem nacionalidade, sem todo esse entulho que nos empurraram pela goela abaixo assim como empurramos também pela goela abaixo de outras pessoas, o que é que nós, seres humanos, estamos tentando fazer neste mundo? O que estamos buscando, o que estamos investigando e desejando? E uma das questões envolvidas nisso é esta: o que é liberdade? Cremos ser livres porque podemos viajar, ir para a América, ir aonde quisermos, caso tenhamos dinheiro e disposição.

O que é, portanto, liberdade? Talvez a maioria de nós, pelo menos aqueles que são sérios e sensatos, que estão atentos, deva fazer essa pergunta — o que é liberdade? Será que liberdade é fazer o que se quer como indivíduo? Será que liberdade é agir com permissividade, isto é, cada um fazer o que deseja? Se quer acreditar em deus, acredita. Se deseja tomar drogas, se quer sexo etc., está livre para fazê-lo, desde que tenha dinheiro, tendência e tudo o mais para isso. E consideramos liberdade fazer aquilo que gostamos de fazer, aquilo com que nos desejamos preencher ou aquilo que nos leve a descobrir nossa identidade. Conhecem tudo isso muito bem. Mas isso é liberdade? Ou será que liberdade é algo inteiramente diferente? Cremos que liberdade é estar livre de alguma coisa — da pobreza, de uma pessoa com quem se casaram, que não querem mais e estão livres para se divorciar dela, que é estar livre para escolher uma atividade no mundo dos negócios ou no mundo psicológico, ou estar livre para acreditar no que quiserem e assim por diante. Achamos que somos livres quando podemos optar entre ser católico ou protestante ou não acreditar em nada. Sabem como é a coisa.

Será isso, portanto, liberdade? Por favor, perguntem a si próprios; não a mim. Estão apenas olhando-se no espelho, olhando-se a si mesmos, investigando toda sua própria estrutura psicológica. E nosso condicionamento tem sido o de fazer o que queremos. Nunca chegamos a investigar o que nos impele a agir, a ir para a esquerda, para a direita ou para onde for. Enquanto houver identificação com uma nacionalidade, com uma família, com o marido, com uma garota, com esta crença, com aquele dogma, ritual ou tradição, haverá liberdade? Estão acompanhando? São os senhores mesmos que estão fazendo essas perguntas. Estou apenas colocando em palavras a investigação que estão realizando. Repetindo o que já afirmamos, não há autoridade alguma aqui; tanto quanto entende o orador, não há ninguém que seja autoridade, que tenha superioridade. Não há dogmatismo nem crença. Se o orador é um tanto enfático, sua maneira de se exprimir não é dogmática nem agressiva; é apenas seu natural modo de ser.

Estamos, portanto, investigando se há liberdade num sentido total, e não o estar livre de alguma coisa para alcançar outra nem livre de algo mais para obter mais outra coisa. Estamos investigando este sentimento de liberdade, vendo se ele existe mesmo. E, se a mente, o pensamento, a sensação e as emoções se identificam com um objeto em particular, uma peça do mobiliário, um ser humano ou uma crença, pode haver liberdade? Claro que não. No momento em que se identificam com alguma coisa, negam a liberdade. Se eu gostar da idéia de um deus supremo e tudo o mais que isso envolve, se eu me identificar com ela e rezar para ela e adorá-la, haverá liberdade? Estamos descobrindo, por conseguinte, que, enquanto houver um processo de identificação, não haverá liberdade. Certo?

Por favor, as palavras são perigosas. Se me permitem sugerir, não traduzam o que se está dizendo com suas próprias palavras, com sua linguagem, com suas opiniões; ouçam apenas as palavras que estamos usando pois só assim estaremos em comunhão direta. Muito bem; deixem-me colocar a coisa deste modo: a língua (isto é, o uso das palavras, o significado das palavras, a sintaxe), a língua comanda a maioria de nós — certo? Quando dizem: "Sou francês", a palavra age e leva-nos para um padrão. Desse modo, a língua serve-se de nós — certo? Não sei se já notaram isso. Quando empregam as palavras *comunismo*, *socialismo*, *capitalismo*, *católico*, *protestante*, *hindu*, *judeu* e assim por diante, elas atuam sobre nós e obrigam-nos a pensar de determinada maneira — certo? A língua, por isso, nos dirige, ela nos utiliza. Não sei se estão cônscios desse fato. Se usarem, porém, a língua sem deixarem que ela os conduza, nesse caso, empregarão as palavras sem qualquer conteúdo emocional. Aí, sim, será possível uma comunicação precisa. Estamos aprendendo alguma coisa juntos? Entendam isso, por favor, porque vamos penetrar em algo que (creio eu, ainda não estou certo) decorrerá de toda essa nossa investigação sobre a liberdade, da compreensão de que a identificação destrói a liberdade, restringe e limita a liberdade. Se estiverem satisfeitos com essa limitação da liberdade, então precisam ficar cientes também de suas conseqüências que são o separatismo, a falta de relação humana, a guerra, a violência e tudo mais.

Ao investigar-nos a nós mesmos, devemos ver também, com clareza, que a língua não nos está mais conduzindo; que, quando usamos a palavra *comunismo*, dela, por assim dizer, nos afastamos emocionalmente. Ou, se tiverem inclinação para o capitalismo da América e de outros países, a mesma coisa. Se quiserem, portanto, examinar, de fato, tudo isso, o que não estou querendo forçá-los a fazer, precisamos estar seriamente cônscios de que a língua já não nos dirige mais e que podemos usar as palavras com toda sua simplicidade, com seu significado próprio, sem qualquer carga emocional. Nesse momento, os senhores e eu estaremos em constante comunicação — certo? Podem fazer isso — não amanhã, mas agora? Então podemos prosseguir, não devagarinho, mas a galope.

Só há liberdade quando não se dá nenhuma forma de identificação com coisa alguma — igreja, deuses, crenças, com uma estátua (compreendem?), com coisa alguma! O senhor me diz algo, usando palavras duras, e me ofende. Fico magoado. E muitos seres humanos no mundo estão feridos, não apenas fisicamente, mas psicologicamente ainda mais. E os senhores não têm suas mágoas também? É em virtude desse ferimento que fazemos toda espécie de coisas: opomo-nos, retraímo-nos, ficamos com medo, tornamo-nos violentos ou ásperos etc. etc. etc. Se examinarem a coisa bem de perto, verão que essa mágoa resulta do movimento do pensamento ao formar a imagem — certo? O pensamento tem criado imagens sobre nós mesmos — uma bonita, outra intelectualmente maravilhosa e assim por diante. Desse modo, quando alguém, na hora da raiva, usa uma palavra ofensiva, apontando alguma coisa, a imagem sente-se ferida. Foi o pensamento que criou a imagem sobre si mesmo (sigam isso, por favor) e a imagem sente-se ferida. Mas será que podemos viver pela vida afora sem um só ressentimento? Só então haverá liberdade, haverá equilíbrio mental.

Brockwood Park, 12 de Setembro de 1978

Muitos de nós, ao que parece, são escravos, ou de idéias religiosas, crenças e símbolos ou de alguma experiência ou de instituições e conceitos. E, sendo prisioneiros de tudo isso, como podemos ser uma luz para nós mesmos? Se estamos comprometidos com um padrão de vida, um modo de viver, se somos um homem de negócios ou um cientista ou filósofo, aí ficamos presos, ficamos completamente absorvidos nisso e o resto da vida se escoa. Em nossa discussão, estamos interessados na totalidade da vida, e não em uma parte apenas, um segmento, uma tendência em particular ou numa profissão. Será, portanto, que percebemos, incluindo a mim próprio, que estamos encarcerados numa rotina que, evidentemente, impede a liberdade? Sem liberdade, nunca podemos ver as coisas com clareza. Quando dependemos de alguma coisa, não podemos compreender o que há de profundo em nós, não podemos ser uma luz para nós mesmos.

A Inteligência, Computadores e a Mente Mecânica: *The Way of Intelligence*, Rishi Valley, 4 de Dezembro de 1980

Podemos avançar mais e ver que o prazer sempre se acha no conhecido? Não sinto prazer hoje, mas, depois de amanhã, posso sentir. Gosto de pensar que isso vai acontecer. Não sei se percebem o que quero dizer. O prazer é um movimento do tempo. Haverá prazer livre do conhecido? Minha vida inteira é o conhecido. Projeto o conhecido no futuro com modificações, mas ainda é o conhecido. Não tenho prazer no desconhecido. E o computador está no campo do conhecido. A verdadeira pergunta, agora, é se é possível estar livre do conhecido. Essa é que é a verdadeira pergunta pois o prazer está lá, o medo está lá, todo o movimento da mente é o conhecido. Ela pode imaginar o que seja o desconhecido, pode criar teorias sobre ele, mas nada disso é o fato. Portanto, os computadores, a química, a genética, a clonagem são aspectos do conhecido. Pode haver, por conseguinte, liberdade do conhecido? O conhecido está destruindo o homem. Os astrofísicos estão indo para o espaço com base no conhecido. Por meio de instrumentos fabricados pelo pensamento, estão investigando os céus, o cosmo e, olhando através de tais instrumentos, estão descobrindo o universo, observando o que ele é; mas isso ainda é o conhecido.

Interrogante: Acabou de me ocorrer uma coisa muito curiosa. Funcionando como está agora, a mente humana está ameaçada. Está sendo destruída. Ou a máquina assume o comando e a destrói, ou a libertação do conhecido também destruirá o seu funcionamento. O desafio é muito mais profundo.

Krishnamurti: Sim, foi o que eu disse. Entendeu bem. Se compreendo, corretamente, o que está dizendo, o conhecido no qual operam nossas mentes está a nos destruir. O conhecido são também as coisas que ainda virão, como a máquina, as drogas, a genética, a clonagem e tudo que deriva daí. Ambas as coisas estão a nos destruir.

I: Ela está dizendo também que a mente humana sempre se moveu dentro do conhecido em busca de prazer. Disso resultou a tecnologia que a destruirá. Ela diz, depois, que o outro movimento, que é a libertação do conhecido, também destruirá a mente tal a conhecemos agora.

K: Sim. Libertação do conhecido? O que está dizendo?

I: Há dois movimentos, afirma ela. O movimento do conhecido está conduzindo a uma destruição cada vez maior da mente. A saída é a libertação do conhecido que está destruindo também o movimento do conhecido.

K: Espere aí. A liberdade não é estar livre de alguma coisa. É um findar. Entende?

I: Está dizendo, senhor, que essa libertação do conhecido é de tal natureza, que o senhor não está destruindo esse movimento, que o pensamento tem o seu lugar, que a mente tem o seu lugar? Está dizendo que nisso há liberdade?

K: Digo que só há liberdade, mas não do conhecido.

I: Estou dizendo que a mente funciona de certo modo, que aquilo a que chamamos mente opera de certa maneira. E ela fica sob pressão dos avanços da tecnologia. A libertação do conhecido destrói também, por completo, essa função da mente. É inevitável, portanto, uma nova mente, quer nascida da tecnologia quer liberta do conhecido. Só há essas duas coisas; a condição atual está eliminada.

K: Sejamos claros. Ou haverá uma mente nova ou o que existe agora vai destruir a mente. Certo? Mas a mente nova só pode existir de fato; não na teoria; ela só pode existir quando acaba o conhecimento. O conhecimento criou a máquina e é do conhecimento que vivemos. Somos máquinas embora separemos as duas coisas. A máquina está destruindo-nos. A máquina é o produto do conhecimento; nós somos produto do conhecimento. É o conhecimento, portanto, que nos está destruindo; não a máquina. A pergunta, por conseguinte, é esta: poderá o conhecimento chegar ao fim? E, não: pode haver liberdade do conhecimento? Do contrário, estará evitando o conhecimento ou fugindo dele.

I: Então a pergunta é esta: será que pode acabar o conhecimento ou a ação nascida do conhecimento? A ação provinda do conhecimento pode acabar. O conhecimento não pode.

K: Pode.

I: Ação que resulta do conhecimento?

K: Ação é liberdade do conhecimento.

I: O conhecimento não pode acabar.

K: Sim, senhor.

I: O que quer dizer quando afirma que o conhecimento acaba?

I: Só há conhecimento?

K: Só há conhecimento, e não o fim do conhecimento. Não sei se estou sendo claro.

I: Há, portanto, senhor, o tremendo ímpeto para a autopreservação e só há conhecimento. E o senhor pergunta: será que o conhecimento pode acabar, significando isso auto-aniquilamento?

K: Não. Compreendo o que está dizendo. No momento, vou deixar de lado a questão do fim do eu. Estou dizendo que o computador, que inclui toda a tecnologia, ele e minha vida estão baseados no conhecimento. Assim, não há separação entre as duas coisas.

I: Estou acompanhando.

K: É uma coisa extraordinária. Enquanto vivemos do conhecimento, nosso cérebro está sendo destruído pela rotina, pela máquina etc. A mente, portanto, é conhecimento. Não há dúvida de que ela deve libertar-se do conhecimento. Vejam isso. Só existe a mente que é conhecimento. Vou dizer-lhes uma coisa. Como vêem, criaram um obstáculo para si mesmos. Não digam que é impossível. Se dissessem que é impossível, não poderiam ter inventado o computador. Avancem a partir daí. Quando a mente diz que deve ser livre, não importa o que faça, ainda está no campo do conhecimento. Qual é, portanto, o estado da mente que está de todo cônscia, sabedora, ciente de que é apenas conhecimento?

Eu avancei. Não percebem isso? E, agora, o que foi que aconteceu?

Pelo que se vê, conhecimento é movimento. Adquirimos conhecimento por meio do movimento. Conhecimento, por conseguinte, é movimento. Assim, o tempo, tudo isso, é movimento.

I: O senhor está falando do estado da mente que ocorre quando o pensamento pára.

K: Isso é liberdade. Tempo é movimento. O que significa isso? É muito interessante, senhor. Deixe-me reunir as peças. A mente inventou o computador. Usei essa palavra para me referir a toda essa tecnologia da genética, clonagem e química. Isso nasceu do conhecimento que o homem adquiriu. Ainda é o conhecido, produto do conhecido com suas hipóteses, teorias, refutação de teorias e tudo isso. O homem tem feito exatamente o mesmo que a máquina. Entre os dois, portanto, não há distinção. A mente é conhecimento. O que quer que faça nasce do conhecimento — os deuses e templos do homem nascem do conhecimento. O conhecimento é um movimento. Pode esse movimento parar?

Isso é que é liberdade. Significa que a percepção está livre do conhecimento e que a ação não resulta do conhecimento. A percepção de uma cobra, do perigo, é ação, mas essa percepção se baseia em séculos de condicionamento em relação à cobra. A percepção de que, há três mil anos, sou hindu constitui o mesmo movimento. E estamos vivendo nesse campo o tempo todo. Isso é que destrói, e não a máquina. A menos que a máquina da mente pare (e não o computador), vamos provocar nossa própria destruição.

Haverá, portanto, uma percepção que não provenha do conhecimento? Quando esse movimento pára, tem de haver ação.

O Futuro do Homem: *The Way of Intelligence* — Capítulo 3, Nova Déli, 5 de Novembro de 1981

Há muito distúrbio e corrupção no mundo; as pessoas vivem extremamente perturbadas. É perigoso andar pelas ruas. Quando falamos em estar livres do medo, queremos a liberdade exterior — estar livres do caos, da anarquia, da ditadura. Mas nunca investigamos nem queremos saber se há uma liberdade interior, uma mente livre. Essa liberdade é real ou teórica? Consideramos o Estado como um obstáculo à liberdade. Os comunistas e outros povos totalitaristas afirmam que não existe essa tal de liberdade; o Estado, o governo, é a única autoridade. E estão suprimindo todas as formas de liberdade. Que espécie de liberdade, portanto, querem? A externa? Fora de nós? Ou a liberdade interior? Quando falamos de liberdade, trata-se da liberdade de escolha entre este e aquele governo, aqui e lá, entre liberdade exterior e interior? A psique interna sempre conquista o exterior. A psique, isto é, a estrutura interior do homem (seus pensamentos, suas emoções, ambições, ações, ganância) sempre conquista o exterior. Assim, onde buscar a liberdade? Podemos estar livres da nacionalidade que nos dá uma sensação de segurança? Pode haver liberdade em relação a todas as superstições, dogmas e religiões? Só poderá surgir uma nova civilização através da verdadeira religião, e não através da superstição e do dogma nem das religiões tradicionais.

Saanen, 10 de Julho de 1984

Devíamos investigar o que é a liberdade, a saúde e aquela espécie de energia que surge quando captamos, vemos ou percebemos a eterna verdade que está no agora. Certo? O que é a liberdade? Através de todos os tempos, vêm os seres humanos procurando uma forma de liberdade histórica, religiosa etc. E, agora, traduzimos a liberdade exatamente como queremos e como, obviamente, estão todos fazendo, isto é, como escolha — escolhemos aonde ir, o emprego, a menos que vivamos numa total ditadura onde tudo é controlado. Lá, até nossos pensamentos e sentimentos são moldados conforme um padrão. Os estados totalitários, por conseguinte, negam a liberdade, são retrógrados, entendem? Caminham para trás, não avançam.

Temos de indagar o que é liberdade. Será escolha? Será escolher entre dois carros, dois materiais, ir aonde quiser, buscar satisfação à custa de todo mundo? Certo? Será lutar para nos tornarmos muito mais do que somos — melhores, mais nobres, mais bem informados? Esse é todo o processo do vir-a-ser, aquilo que denominamos realização: "Devo realizar-me" — "Devo ter raízes em algum lugar". Compreendem? Na base de tudo isso está o vir-a-ser, não apenas o vir-a-ser exterior como de empregado passar a dono, de aprendiz a mestre, mas também o nosso vir-a-ser interior: "Sou isso, mas serei aquilo" — "Sou invejoso, ganancioso, violento (vamos usar a palavra violento, somos violentos), mas, um dia, chegarei à não-violência". Talvez isso aconteça em um ano ou dois ou talvez no fim da vida, quando estiver para morrer — certo? E tudo isso é o vir-a-ser psicológico. Está claro? Mas há liberdade no vir-a-ser? Compreendem minha pergunta? Ou será que a liberdade é algo de todo diferente? Por favor, estamos investigando e explorando juntos. Não estou explicando e os senhores ouvindo. Estamos indagando juntos, o que exige que exercitem os seus próprios cérebros sem aceitar nada, sem aceitar coisa alguma do que diz o orador. Desse modo, a investigação deve ser dos senhores, e não do orador. O orador pode apenas esboçar, colocar em palavras, mas são os senhores que estão agindo, penetrando o problema. Estamos todos, pois, participando — certo? Não sou eu que coloco alguma coisa com o que concordam ou de que discordam — já que isso não é participar. Estamos todos investigando, aprofundando, indagando, duvidando de tudo que pensamos e sentimos, relacionado com o tempo, e vendo se esse vir-a-ser cria algum impedimento à liberdade — certo? Continuamos um pouquinho ainda juntos? Posso explicar mais a questão?

Se é um mestre-escola que deseja tornar-se um professor universitário ou um aprendiz de qualquer disciplina, ele estará, o tempo todo, esforçando-se para se tornar algo — tornar-se melhor, um maior especialista com maior capacidade, mais conhecimento. Essa energia, contudo, empregada em certas coisas, é limitada. Isso, portanto, contradiz a liberdade. Compreendem? Estamos caminhando juntos?

Vêem que, desse modo, não queremos, realmente, a liberdade. Nós a queremos apenas dentro do limitado campo no qual devo fazer o que sinto, no qual devo agir de acordo com o que gosto ou não gosto e, nessa ação, sou livre; posso escolher entre uma pessoa e outra e assim por diante. Limitadíssima, portanto, é tal atividade e essa própria limitação nega a liberdade. Claro! Também somos limitados verbalmente, lingüisticamente. Vejamos se a língua restringe a liberdade. O orador está usando a língua inglesa e essa língua, com suas palavras, condiciona o cérebro e, por isso, o cérebro fica limitado. A língua condiciona e limita o cérebro ou não? Estão indagando? Por favor, examinem isso comigo. Se estivesse apenas o senhor e o orador juntos, e não todo esse auditório, somente o senhor, meu amigo, e eu próprio, poderíamos, então, discutir o assunto com muita intimidade. E vou fazer isso — certo? Os senhores, nesse caso, representam o meu amigo e eu represento o orador. O orador e o amigo estão discutindo esta questão: será que a liberdade consiste em nos tornarmos alguma coisa o tempo todo? Consiste a liberdade em dar vazão à sua ambição? A liberdade consiste em tentar satisfazer os seus desejos? E o amigo diz: "Não sei, realmente, de que diabos você está falando. Estamos acostumados a isso; esse é o nosso condicionamento, o nosso hábito. Estamos sempre querendo realizar algo, vir a ser alguma coisa, não só no mundo exterior como também no mundo interior. Temos de atingir alguma coisa; do contrário, não haverá progresso" — etc. Meu amigo diz isso, opondo-se a tudo que estou dizendo, a tudo que o orador está dizendo. E o orador responde: não se exalte por isso; vamos olhar juntos o problema. Quando somos ambiciosos, a ambição é a mesma, tanto no mundo exterior quanto no psicológico, quer ambicionemos ficar muito ricos quer desejemos atingir o nirvana, o céu, a iluminação ou ficar em silêncio. E essa ambição, diz o orador ao seu amigo, é limitada, não é liberdade. Temos usado mal a palavra *liberdade*. Cada um tenta defender-se agarrando-se fortemente a suas opiniões, a seus julgamentos, avaliações, dogmas, credos etc. E a tudo isso chamamos liberdade. Mas será isso liberdade? Meu amigo, então, diz: "Começo a entender o que está dizendo e concordo". E eu respondo: não concorde; veja somente o fato, a verdade — certo?

Assim, liberdade deve ser algo inteiramente diferente. E será possível chegar a isso, realizar essa liberdade? Isso não significa ambição, de forma alguma. Examinem bem essa questão, o que certamente não impede que gostem de fazer isso — certo? Como todos nós, os cientistas, pelo mundo afora, são muito ambiciosos. Eles querem conseguir armamentos mais poderosos contra os russos etc. Estão fazendo todo esse jogo tenebroso. Desse modo, preso está sempre nesse processo todo ser humano, ainda que não educado, ignorante ou extremamente intelectualizado. E a isso geralmente chamam liberdade. E o orador declara que isso não é liberdade. E seu amigo diz: "A língua impede ou estimula a limitada atividade cerebral?" Estão acompanhando tudo isso? Será que isso lhes interessa? Estão bem certos disso? Ou será que estão brincando comigo? Será que a língua condiciona o cérebro? Condiciona se as palavras se tornarem importantes. Não importa que as palavras sejam inglesas, francesas, alemãs, italianas ou russas — quando a palavra perde o seu sentido profundo, quando passa a ser usada negligentemente, quando adquire um significado particular para cada um de nós, quando as palavras acabam por enredar o cérebro (entendem? estão acompanhando?), então elas condicionam o cérebro. Certo? Não obstante, quando empregamos as palavras apenas para a comunicação (que requer sensibilidade, cuidado e afeição), então podemos usá-las sem que elas nos limitem. Nesse caso, as palavras não condicionam o cérebro. Sendo, porém, o que somos agora, as palavras realmente condicionam o nosso cérebro. Quando empregam a expressão "os estados totalitários", eu, imediatamente, já tenho formado um quadro deles. Logo se lembram de vários ditadores de diversas partes do mundo, pois suas fotos têm estado em todos os jornais durante os últimos cinqüenta anos. A imagem aparece e condiciona o cérebro. Estão acompanhando tudo isso? Quando uso a palavra "guru" (risos) — aí está: têm logo uma reação! Ou, quando uso a palavra "Cristo" para um cristão, é imediata a reação. O mesmo sucede com o hindu e o budista. Vejam, por favor, a importância do condicionamento lingüístico e como, nesse condicionamento, se manifesta toda espécie de desordem e conflito — conflito de hindus com muçulmanos, de muçulmanos e árabes com judeus, de cristãos, que crêem em deus, com os totalitaristas. Estão seguindo? Isso é o que está acontecendo.

Será possível, portanto, estar livre da prisão lingüística? Compreendem? Senhores, não estão pondo suas mentes nisso tudo. Certo? Vejam se podem, sentados aqui, agora, ficar totalmente livres da imagem das palavras. No vir-a-ser não há liberdade. Quando um homem ou uma mulher são ambiciosos, ávidos e invejosos, não há liberdade. Ele pode pensar que é livre porque pode dar vazão à sua ambição, mas não há liberdade no vir-a-ser. E tampouco pode haver liberdade quando o cérebro está preso, encarcerado nas palavras com suas imagens.

❖

Investiguem, portanto, a liberdade; investiguem a questão da saúde pois, se não forem sadios, não poderão ter liberdade; a falta de saúde será um empecilho. Posso ter uma paralisia, mas ainda ter saúde — compreendem? Posso ter um olho só, mas isso não me impede de ter saúde. Os constantes conflitos, as realizações, o êxito, a ambição, a incerteza, a confusão, os sofrimentos na vida, tudo isso destrói a saúde. E, assim, dissipa-se a energia. Compreendem, senhores? Dissipa-se a energia com a tagarelice, a discussão, quando se agarram ao que já fizeram e dizem: "Isso é que é certo; vou defender". Compreendem? Energia significa movimento constante, descobrir, constantemente, algo novo, não tecnologicamente, mas psicologicamente. Desse modo, o cérebro se mantém extraordinariamente ativo e não desperdiça energia. Quando possuem essa energia, são capazes de enfrentar os problemas — compreendem? E podem também compreender o tempo. Todos os problemas se encaixam e se ajustam; não são separados. É um movimento firme que vai longe.

Brockwood Park, 31 de Agosto de 1985

Como dissemos antes, temos de ser sérios e o orador, pelo menos, é. Tem estado em atividade durante os últimos setenta anos ou mais. E assistir apenas a uma ou duas palestras ou ler algumas palavras impressas não vai resolver nossos problemas, não nos vai ajudar. O orador não está tentando ajudá-los. Fiquem certos disso, por favor, e estejam convencidos de que o orador não é nenhuma autoridade e que, por isso, não é uma pessoa com quem possam contar para ajudá-los. Há outros que talvez possam ajudá-los. E, se quiserem ajuda, permitam-me dizer com todo respeito, deixem, nesse caso, que outros resolvam seus problemas e eles serão resolvidos pelos desejos, interesses, poder e posição dessas outras pessoas, por todo esse negócio. Somos, portanto, pessoas comuns, leigos, conversando. Vamos investigar juntos e enfrentar os fatos; não as idéias sobre os fatos, mas os próprios fatos; não as ideologias que nada significam nem as teorias nem as especulações sobre quem é e quem não é iluminado, quem está (o quê?) mais perto de deus do que os senhores. Juntos vamos penetrar na questão da liberdade e ver qual a relação que há entre a liberdade e o tempo e entre o tempo e o pensamento e a ação. Nosso viver é ação; tudo que fazemos é ação; não uma ação particular no mundo dos negócios ou no mundo científico ou no mundo da especulação chamada filosofia. Vamos apenas olhar as coisas como são.

Há muito anarquia no mundo, caos, desordem e quem produziu isso? Essa é a nossa primeira pergunta. Quem é o responsável por toda essa confusão que vai pelo mundo, confusão econômica, social, política etc., tudo isso levando à guerra? Agora mesmo há guerras, guerras terríveis. E será que nós, cada um de nós, percebemos, não intelectualmente, mas de fato, em nossa vida diária, o que se passa na casa em que vivemos, não apenas a casa exterior construída pelo homem mas também a casa interior? Será que percebemos como está ela em desordem, em luta, como temos tão pouca liberdade? A palavra *liberdade* implica também amor; mas não a liberdade de fazer o que querem, quando querem e onde querem. Estamos todos vivendo nesta terra, cada qual buscando a sua própria liberdade, buscando sua forma de auto-expressão, sua própria realização, sua senda para a iluminação, o que quer que seja isso: sua particular forma de religião, superstição, crença, fé e tudo mais que vai atrelado a isso como autoridade — autoridade hierarquizada, política, religiosa e assim por diante. Temos, portanto, muito pouca liberdade. E, embora essa palavra seja tão livremente usada por qualquer psicopata e por todo ser humano, viva ele na Rússia, onde há uma horrível ditadura, ou no chamado mundo democrático, todo ser humano, interiormente, consciente ou inconscientemente, necessita de liberdade como toda árvore no mundo, para crescer, para ter aquela condição de dignidade, de amor.

E qual é a relação da liberdade com o auto-interesse? Por favor, estamos juntos tratando dessas coisas. Se posso dizer assim, não estão ouvindo um orador, o homem que está nesta plataforma. Ele não é absolutamente importante. E o orador quer, realmente, dizer isto: ele, o orador, não é importante. Mas talvez possam prestar atenção ao que ele diz como dois amigos falando, com muita seriedade, sobre essas coisas. Estamos perguntando: qual é a relação que há entre liberdade e auto-interesse? Onde traçar a linha entre liberdade e auto-interesse? E o que é auto-interesse? Qual é a relação disso com o pensamento e o tempo? Por favor, todas essas questões estão envolvidas na questão da liberdade. Tendo em mente que a liberdade não é realizar as próprias ambições, a cobiça, a inveja etc., qual é a relação do auto-interesse com a liberdade? Sabem o que é auto-interesse? O auto-interesse pode esconder-se debaixo de cada pedra de nossa vida — certo? Estamos conversando? Estão certos de que estamos conversando, não com alguém importante, mas sentados todos no mesmo nível?

O que é auto-interesse? Será que podemos, consciente e deliberadamente investigar isso e ver quão profundo é, quão superficial, onde é necessário e onde absolutamente não tem lugar? Naturalmente que entendem minha pergunta; estamos interrogando juntos. O auto-interesse já produziu muita confusão no mundo, muita desordem, confusão e conflito. Quer esse auto-interesse se identifique com um país, com uma comunidade, com uma família, quer se identifique com deus, com uma crença, com uma fé etc., é tudo auto-interesse, buscando, embora, iluminação — pelo amor de deus, como se pudessem buscar isso! Também nessa busca há auto-interesse assim como quando constroem uma casa e fazem um seguro ou uma hipoteca. Para a vida comercial, encorajam o auto-interesse e todas as religiões o estimulam; falam de libertação, mas o auto-interesse vem primeiro. E é neste mundo que temos de viver, trabalhar, ganhar dinheiro, ter filhos, casar ou não casar. Quão profundo ou superficial é nosso auto-interesse neste mundo do século XX? É importante investigar isso. O auto-interesse divide as pessoas — certo? Nós e eles, os senhores e eu, meu interesse em oposição ao seu, os interesses da minha família em conflito com os interesses de sua família, seu país, o meu país no qual investi muita emoção e interesse material e pelo qual estou disposto a lutar e matar na guerra. Investimos nosso interesse em idéias, crenças, dogmas, rituais etc. Na raiz de tudo isso, há muito auto-interesse.

Mas podemos viver, diariamente, neste mundo, com lucidez e auto-interesse onde for necessário (por favor, estou usando essa palavra com muito cuidado), onde for fisicamente necessário, embora psicologicamente, interiormente, de todo descartado? Será isso possível? Compreendem? Estamos juntos? Será possível para nós, vivendo numa sociedade tão complexa e competitiva, dividida por acordos e desacordos, crenças em conflito, com toda essa enorme divisão que existe, não só individual mas coletiva igualmente, vivendo neste mundo assim, será possível traçar a linha entre o auto-interesse cabível e a total ausência de auto-interesse psicológico? Podemos fazer isso? Poderão talvez falar, interminavelmente, deste assunto uma vez que gostamos de ir a palestras e conferências para ouvir alguém; mas aqui temos de observar juntos, terão, não apenas de se ouvirem uns aos outros verbalmente, mas descobrir também, profunda e intimamente, não o meu auto-interesse em particular, mas o auto-interesse em geral, como um todo, onde se achar. E, interiormente, psicologicamente, podemos viver sem qualquer ranhetice do auto-interesse, do eu, que é a essência do auto-interesse? Outra pessoa não me pode dizer que isto é auto-interesse e que aquilo não é; seria horrível. Mas podemos descobrir por nós mesmos, investigando cuidadosamente, passo a passo, hesitando, sem chegar a qualquer conclusão pois não há ninguém que nos possa ajudar. Creio que devemos ter plena certeza de que ninguém nos vai ajudar. Eles podem fingir e os senhores também podem fingir, mas a verdade é que, após esses dois milhões e meio de anos, ou quarenta mil anos, ainda estamos buscando ajuda e não conseguimos ir adiante. Chegamos ao nosso limite.

E, investigando o auto-interesse, temos também de examinar esta outra questão: o que é liberdade? Liberdade implica amor e não significa irresponsabilidade, fazer apenas o que queremos pois foi isso que produziu toda esta confusão no mundo. E qual é também a relação do auto-interesse com o pensamento? No outro dia, vimos a questão do tempo bem como a do pensamento, a do pensar. Devemos indagar sobre isso rapidamente, o que são o tempo e o pensamento? Precisamos? Não é bom ficar repetindo a mesma coisa o tempo todo; torna-se um tanto monótono, pelo menos para o orador. Ele tem de variar as palavras, criar um fraseado especial e fazer pausas entre as frases. Mas, se apenas ficarem ouvindo palavras, palavras, palavras e não agirem — nesse caso carregarão apenas cinzas.

Fontes e Agradecimentos

Do Relato Literal da oitava palestra pública em Bombaim, 7 de março, 1948, *in Collected Works of J. Krishnamurti*, copyright © 1991 Krishnamurti Foundation of America, pp. 1-5.

Do Relato Literal da terceira palestra pública em Bangalore, 18 de julho, 1948, *in Collected Works of J. Krishnamurti*, copyright © 1991 Krishnamurti Foundation of America, pp. 6-7.

Do Relato Literal da terceira palestra pública em Poona, 31 de janeiro, 1953, *in Collected Works of J. Krishnamurti*, copyright © 1991 Krishnamurti Foundation of America, pp. 8-11.

Do Relato Literal da nona palestra pública em Bombaim, 8 de março, 1953, *in Collected Works of J. Krishnamurti*, copyright © 1991 Krishnamurti Foundation of America, pp. 12-14.

Do Relato Literal da décima terceira palestra com estudantes em Rajghat School, Varanasi, 20 de janeiro, 1954, *in Collected Works of J. Krishnamurti*, copyright © 1991 Krishnamurti Foundation of America, pp. 15-16.

Do Relato Literal da quinta palestra pública em Poona, 21 de setembro, 1958, *in Collected Works of J. Krishnamurti*, copyright © 1990 Krishnamurti Foundation of America, pp. 17-19.

Do Relato Literal da terceira palestra pública em Bombaim, 3 de dezembro, 1958, *in Collected Works of J. Krishnamurti*, copyright © 1991 Krishnamurti Foundation of America, pp. 20-24.

Do Relato Literal da sexta palestra pública em Bombaim, 14 de dezembro, 1958, *in Collected Works of J. Krishnamurti*, copyright © 1991 Krishnamurti Foundation of America, pp. 25-31.

Do Relato Literal da primeira palestra pública em Madras, 22 de novembro, 1959, *in Collected Works of J. Krishnamurti*, copyright © 1991 Krishnamurti Foundation of America, pp. 32-39.

Do Relato Literal da primeira palestra pública em Bombaim, 23 de dezembro, 1959, *in Collected Works of J. Krishnamurti*, copyright © 1991 Krishnamurti Foundation of America, pp. 40-41.

Do Relato Literal da primeira palestra pública em Varanasi, 24 de janeiro, 1960, *in Collected Works of J. Krishnamurti*, copyright © 1991 Krishnamurti Foundation of America, pp. 42-44.

Do Relato Literal da primeira palestra pública em Ojai, 21 de maio, 1960, *in Collected Works of J. Krishnamurti*, copyright © 1991 Krishnamurti Foundation of America, pp. 45-51.

Do Relato Literal da primeira palestra pública em Varanasi, 1º de janeiro, 1962, *in Collected Works of J. Krishnamurti*, copyright © 1991 Krishnamurti Foundation of America, pp. 52-59.

Do Relato Literal da oitava palestra pública em Nova Déli, 14 de fevereiro, 1962, *in Collected Works of J. Krishnamurti*, copyright © 1991 Krishnamurti Foundation of America, p. 60.

Do Relato Literal da quinta palestra pública em Saanen, 31 de julho, 1962, *in Collected Works of J. Krishnamurti*, copyright © 1991 Krishnamurti Foundation of America, pp. 61-64.

Do Relato Literal da terceira palestra pública em Saanen, 11 de julho, 1963, *in Collected Works of J. Krishnamurti*, copyright © 1991 Krishnamurti Foundation of America, pp. 65-68.

Do Relato Literal da segunda palestra pública em Madras, 15 de janeiro, 1964, *in Collected Works of J. Krishnamurti*, copyright © 1991 Krishnamurti Foundation of America, pp. 69-71.

Do Relato Literal da terceira palestra pública em Bombaim, 16 de fevereiro, 1964, *in Collected Works of J. Krishnamurti*, copyright © 1991 Krishnamurti Foundation of America, pp. 72-77.

Do Relato Literal da sétima palestra pública em Bombaim, 1º de março, 1964, *in Collected Works of J. Krishnamurti*, copyright © 1991 Krishnamurti Foundation of America, pp. 78-85.

Do Relato Autêntico da segunda palestra pública em Saanen, 14 de julho, 1964, *in Collected Works of J. Krishnamurti*, copyright © 1991 Krishnamurti Foundation of America, pp. 86-88.

Do Relato Literal da quarta palestra pública em Varanasi, 26 de novembro, 1964, *in Collected Works of J. Krishnamurti*, copyright © 1991 Krishnamurti Foundation of America, p. 89.

Do Relato Autêntico da primeira palestra pública em Madras, 16 de dezembro, 1964, *in Collected Works of J. Krishnamurti*, copyright © 1991 Krishnamurti Foundation of America, pp. 90-92.

Do Relato Autêntico da quarta palestra pública em Saanen, 18 de julho, 1965, *in Collected Works of J. Krishnamurti*, copyright © 1991 Krishnamurti Foundation of America, pp. 93-101.

Do Relato Autêntico da oitava palestra pública em Saanen, 27 de julho, 1965, *in Collected Works of J. Krishnamurti*, copyright © 1991 Krishnamurti Foundation of America, pp. 102-103.

Do Relato Autêntico do quarto diálogo público em Roma, 10 de abril, 1966, *in Collected Works of J. Krishnamurti*, copyright © 1991 Krishnamurti Foundation of America, pp. 104-105.

Do Relato Autêntico da primeira palestra pública em Nova Déli, 19 de novembro, 1967, *in Collected Works of J. Krishnamurti*, copyright © 1991 Krishnamurti Foundation of America, pp. 106-109.

Do Relato Autêntico da segunda palestra pública em Nova Déli, 23 de novembro, 1967, *in Collected Works of J. Krishnamurti*, copyright © 1991 Krishnamurti Foundation of America, pp. 110-112.

Do Capítulo 4 de *Krishnamurti on Education*, copyright © 1974 Krishnamurti Foundation Trust, Ltd, pp. 113-116.

Do diálogo 19 de *Tradition and Revolution*, copyright © 1972 Krishnamurti Foundation Trust, Ltd, pp. 117-119.

Da transcrição da fita gravada da primeira palestra pública em Brockwood Park, 9 de setembro, 1972, copyright © 1991 Krishnamurti Foundation Trust, Ltd, pp. 120-124.

Da transcrição da fita gravada da primeira palestra pública em Saanen, 1º de agosto, 1976, copyright © 1991 Krishnamurti Foundation Trust, Ltd, pp. 125-128.

Da transcrição da fita gravada da terceira palestra pública em Saanen, 13 de julho, 1978, copyright © 1991 Krishnamurti Foundation Trust, Ltd, pp. 129-132.

Da transcrição da fita gravada de um seminário em Brockwood Park, 12 de setembro, 1978, copyright © 1991 Krishnamurti Foundation Trust, Ltd, p. 133.

Do capítulo 6 de *The Way of Intelligence*, copyright © 1985 Krishnamurti Foundation Trust, Ltd, pp. 134-138.

Do capítulo 3 de *The Way of Intelligence*, copyright © 1985 Krishnamurti Foundation Trust, Ltd, p. 139.

Da transcrição da fita gravada da segunda palestra pública em Saanen, 10 de julho, 1984, copyright © 1991 Krishnamurti Foundation Trust, Ltd, pp. 140-144.

Da transcrição da fita gravada da terceira palestra pública em Brockwood Park, 31 de agosto, 1985, copyright © 1991 Krishnamurti Foundation Trust, Ltd, pp. 145-148.

SOBRE A APRENDIZAGEM E O CONHECIMENTO

J. Krishnamurti

"Existe um nome... que se destaca em contraste com tudo o que existe de secreto, de suspeito, de confuso, de livresco, de escravizador: Krishnamurti. Eis um homem da nossa época que pode ser considerado um mestre da realidade. Ele ocupa uma posição ímpar no cenário mundial."

HENRY MILLER

Sobre a Aprendizagem e o Conhecimento reúne as mais profundas observações de Krishnamurti sobre a natureza da aprendizagem e do acúmulo de conhecimentos.

Nestas páginas, até agora inéditas, Krishnamurti examina o efeito desses tópicos sobre a percepção humana e afirma que nossa dependência em relação ao conhecimento é potencialmente desastrosa tanto para as relações pessoais como para as relações globais.

Ele valoriza não só o uso necessário do conhecimento como o conhecimento psicologicamente prejudicial, oferecendo novas técnicas de aprendizagem mediante as quais podemos ter uma percepção mais precisa daquilo que desconhecemos.

* * *

J. Krishnamurti (1895-1986) é um renomado mestre espiritual cujas palestras e escritos têm inspirado milhares de pessoas. Nesta nova série publicada pela Editora Cultrix, estão incluídos os seguintes títulos:

Sobre Deus • Sobre relacionamentos • Sobre a vida e a morte • Sobre o viver correto • Sobre conflitos • Sobre a aprendizagem e o conhecimento • Sobre o amor e a solidão • Sobre a mente e o pensamento • Sobre a natureza e o meio ambiente.

EDITORA CULTRIX

SOBRE A MENTE E O PENSAMENTO

J. Krishnamurti

"Krishnamurti é um conceituado mestre espiritual, respeitado e aceito pelos membros de todas as igrejas e seitas."

GEORGE BERNARD SHAW

"Só quando a mente está completamente tranqüila é possível tocar as águas profundas"— diz Krishnamurti.

Tomando por base a diferença entre o pensamento condicionado e o verdadeiro pensamento criativo, este livro do mestre indiano analisa o que ele chama de "aquele amplo espaço da mente que é a sede de uma energia imaginável".

De acordo com esses ensinamentos, tão essenciais para a compreensão da natureza humana, só quando fugimos do pensamento condicionado é que conquistamos de fato a liberdade e alcançamos a realização pessoal; e só por meio da mudança da consciência individual será possível resolver os conflitos que criam empecilhos no relacionamento entre as pessoas e perturbam o funcionamento harmonioso da sociedade em geral.

* * *

J. Krishnamurti (1895-1986) foi um renomado mestre espiritual. Suas palestras e escritos continuam inspirando milhares de pessoas.

Nesta nova série publicada pela Editora Cultrix, estão incluídos os seguintes títulos:

Sobre Deus • Sobre relacionamentos • Sobre a vida e a morte • Sobre o viver correto • Sobre conflitos • Sobre a aprendizagem e o conhecimento • Sobre o amor e a solidão • Sobre a mente e o pensamento • Sobre a natureza e o meio ambiente.

EDITORA CULTRIX

SOBRE A VERDADE

J. Krishnamurti

"Os seres mais iluminados sempre falam sobre a verdade com uma simplicidade e clareza desconcertantes. Essa é a natureza da verdade e essa é a natureza de Krishnamurti."

Larry Dossey, M.D.

Sobre a Verdade apresenta as mais profundas reflexões de Krishnamurti em sua busca pela verdade. Em 1929, ele começou sua carreira no magistério público dizendo: "A verdade é um território inexplorado." Durante os muitos anos em que falou para um público diversificado, sempre enfatizou que não é possível entrar em contato com a verdade valendo-se do pensamento como um instrumento. A verdade é impalpável e indescritível, e só pode ser compreendida pela análise do pensamento e dos processos mentais.

Publicados pela primeira vez, esses ensinamentos de vital importância mostram como a verdade aflora quando cessa o esforço, quando a mente está vazia e quando só existe o momento presente. Aprendemos que a verdade aparece sem ser convidada, "gloriosa", quando colocamos tudo em ordem e "é nisso que está a santidade".

* * *

J. Krishnamurti (1895-1986) foi um mestre espiritual conhecido em todo mundo. Suas conferências e escritos continuam a inspirar milhares de pessoas. Nesta nova série, publicada pela Editora Cultrix, estão incluídos os seguintes títulos:

Sobre Deus • Sobre relacionamentos • Sobre a vida e a morte • Sobre o viver correto • Sobre conflitos • Sobre a aprendizagem e o conhecimento • Sobre o amor e a solidão • Sobre a mente e o pensamento • Sobre a natureza e o meio ambiente • Sobre a verdade.

EDITORA CULTRIX